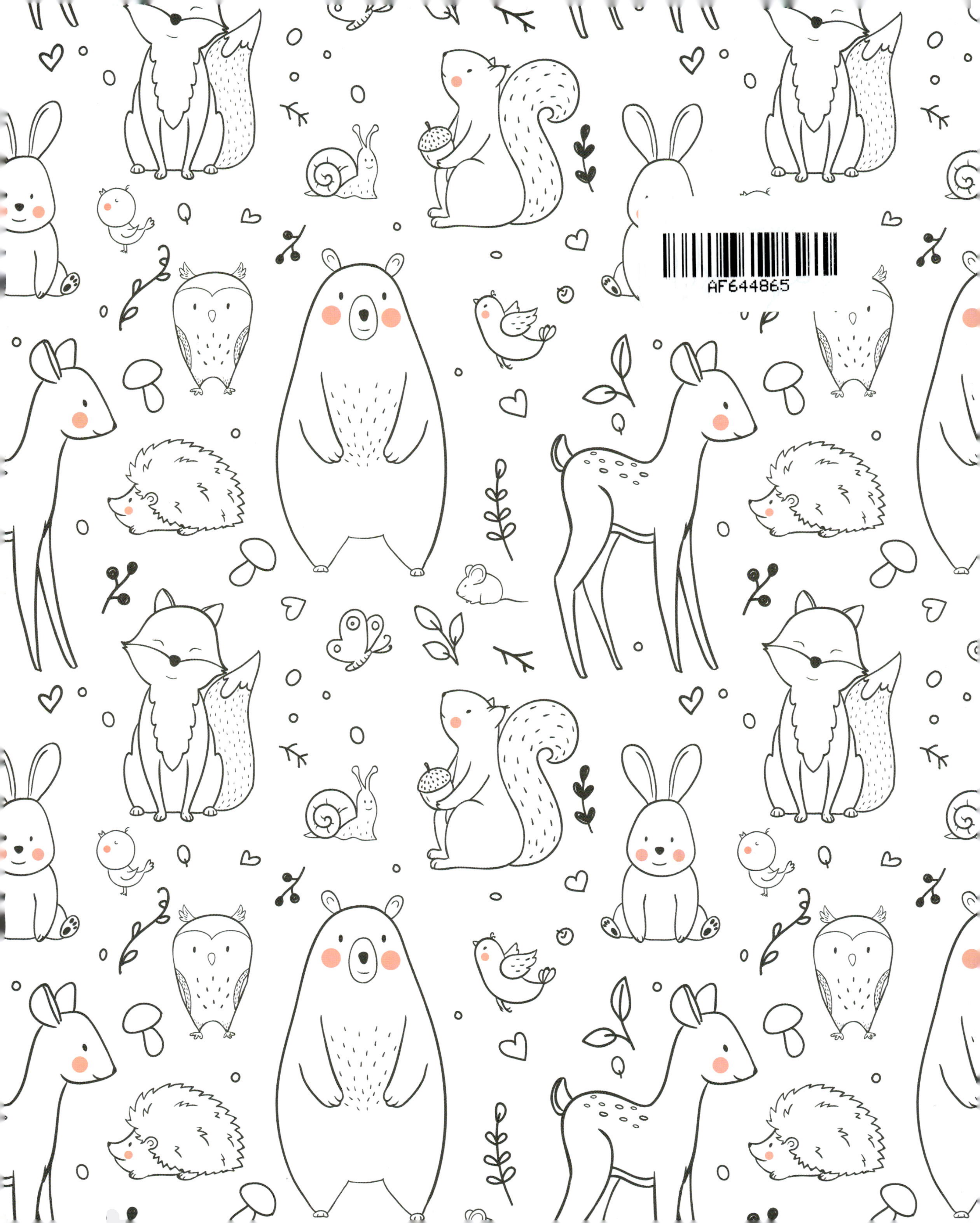

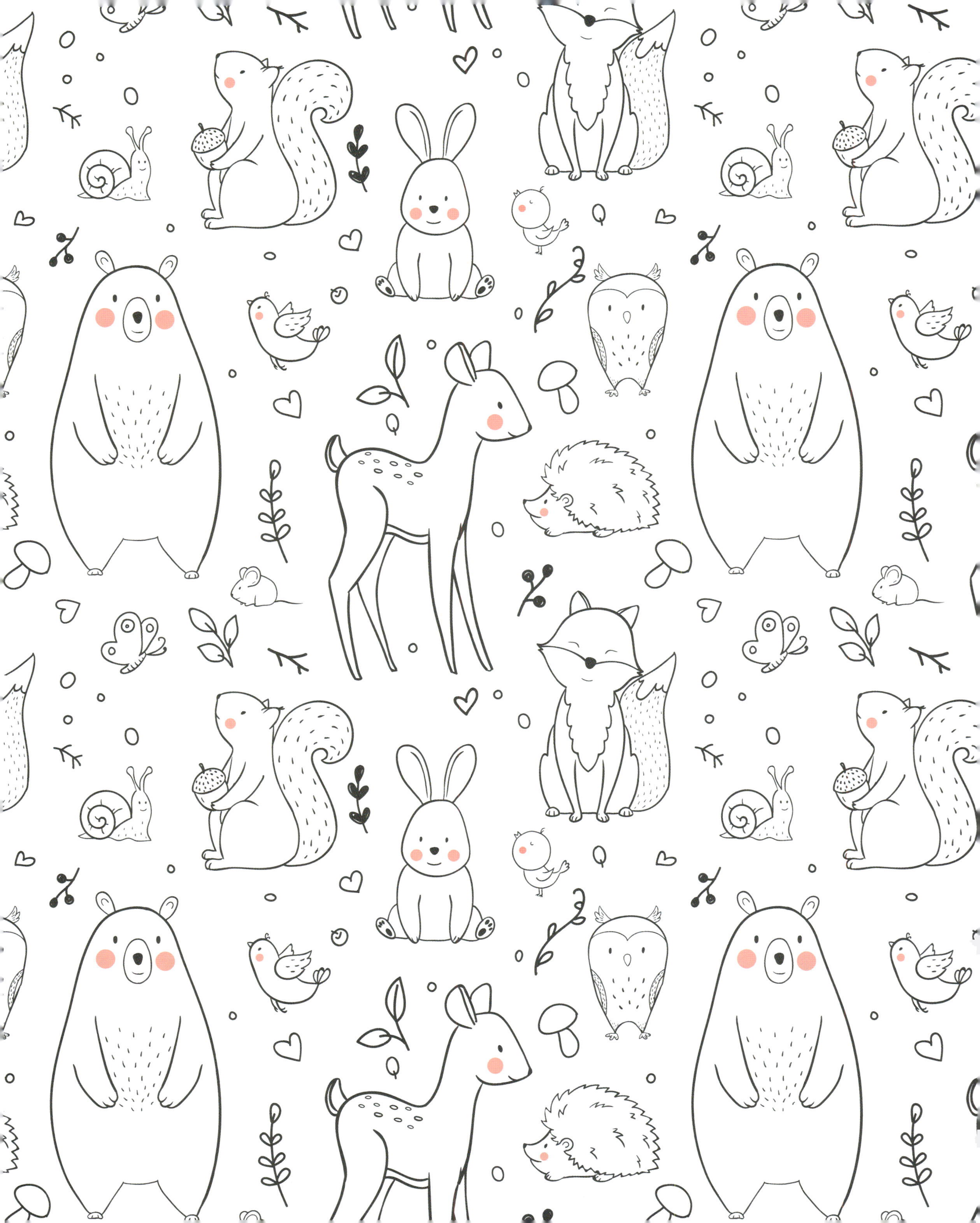

Klitzeklein & Kuschelweich

Einfach süße Strickideen für Babys

CV

Liebevoll gestrickt

Wenn sich ein Baby ankündigt, kommt bei vielen zukünftigen Mamas, Tanten und Omas der Wunsch auf, mal wieder zu den Stricknadeln zu greifen. Denn schließlich ist so ein kleines Kleidungsstück schnell gestrickt. In diesem Buch finden sich daher viele Anregungen für niedliche Babykleidung und kleine praktische Accessoires, die leicht umzusetzen sind: von Kleidchen, Strampler, Jäckchen, Mütze und Schühchen bis hin zu Kuscheltier, Kissen oder Decke – jedes der gezeigten Modelle ist mit viel Liebe zum Detail entworfen und eignet sich daher auch wunderbar als Geschenk zur Geburt oder Taufe.

Bei der Auswahl der Garne haben wir darauf geachtet, nur weiche Wolle und angenehme Baumwolle zu verwenden, die alle problemlos in der Waschmaschine gewaschen werden können. Und damit alles gelingt, sind alle Schnitte und Muster leicht nachzustricken, sodass auch Anfänger ihr Lieblingsstück stricken können. Sollte es mal haken, hilft der Grundkurs weiter.

Wir hatten viel Vergnügen beim Entwerfen und Stricken unserer Modelle und hoffen, dass auch Sie großen Spaß beim Nacharbeiten haben werden.

Maria Böhly Babette Ulmer

SCHWIERIGKEITSGRADE DER MODELLE

♡ = einfach

♡ ♡ = mittel

♡ ♡ ♡ = schwierig

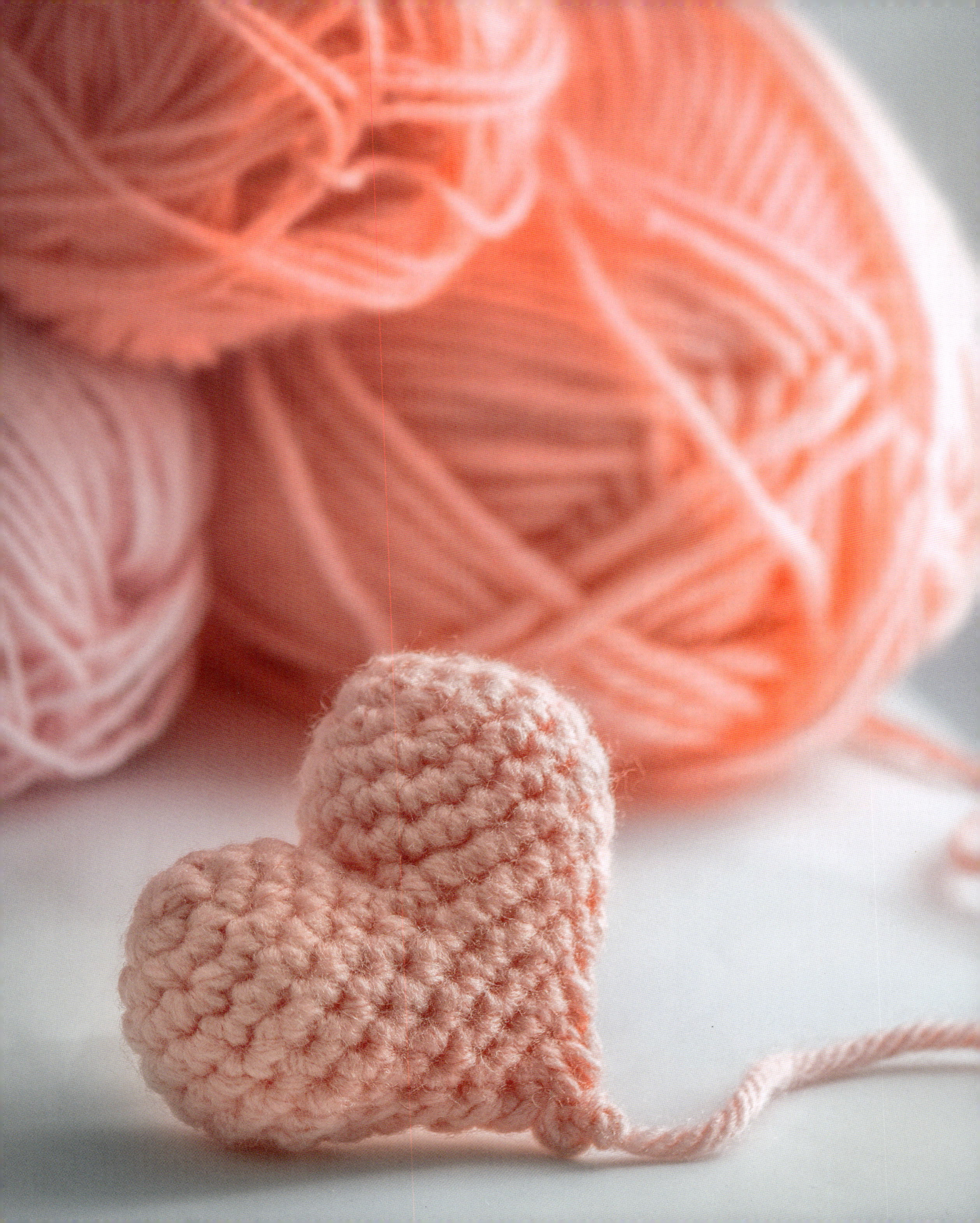

Inhalt

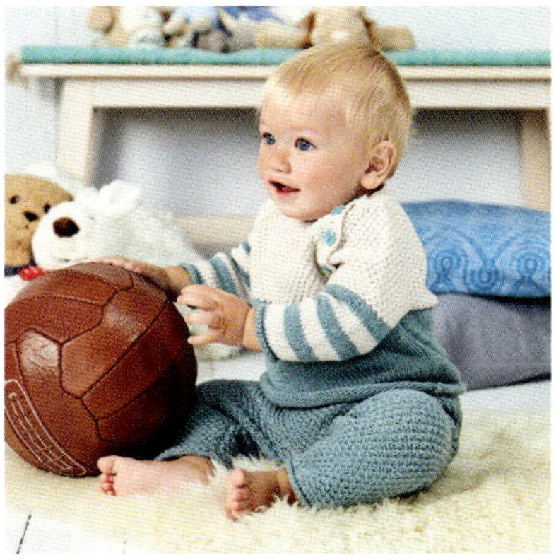

Seegrün S. 10

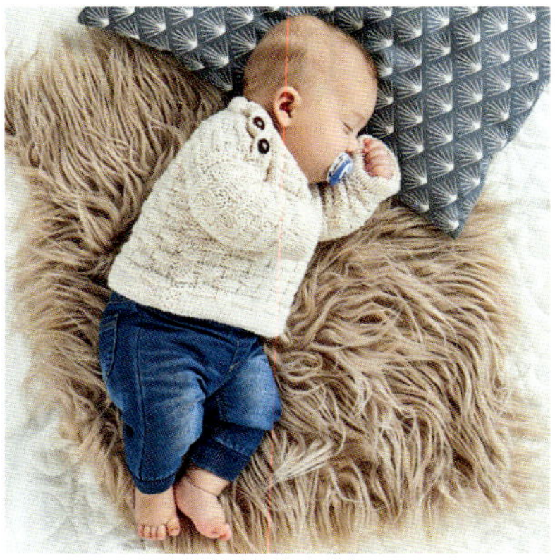

Wollweiß S. 16

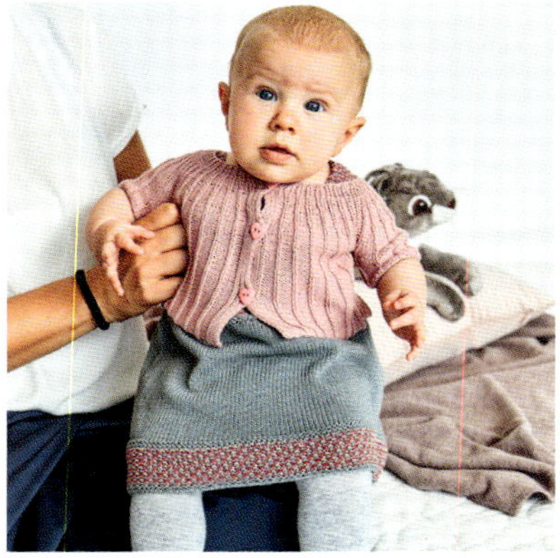

Altrosa & Kieselgrau S. 20

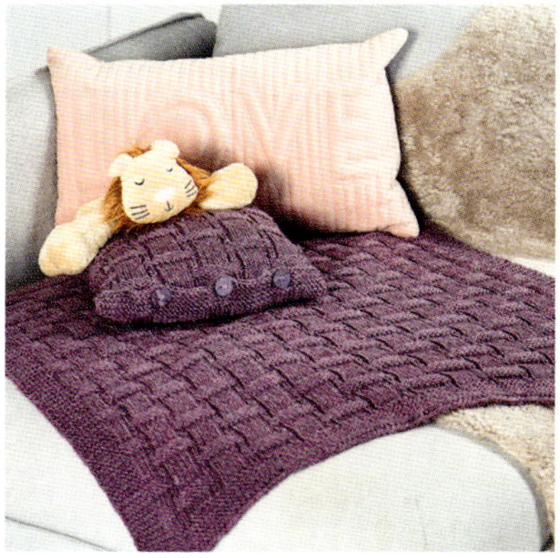

Flieder S. 25

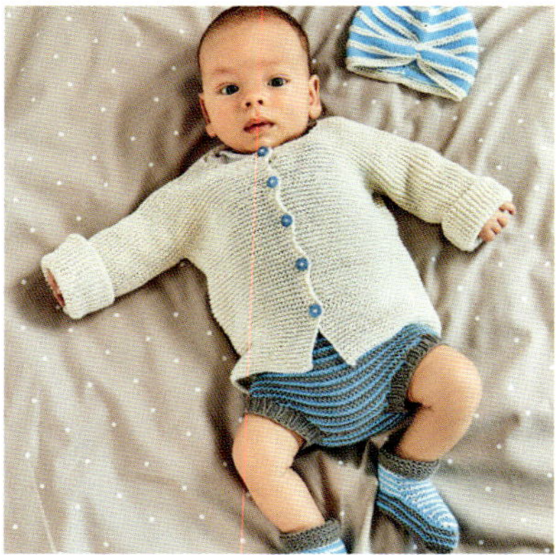

Naturweiß & Azurblau S. 28

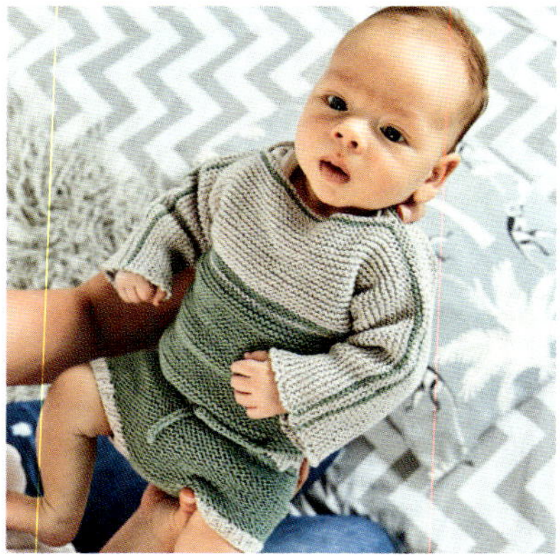

Lindgrün & Grège S. 34

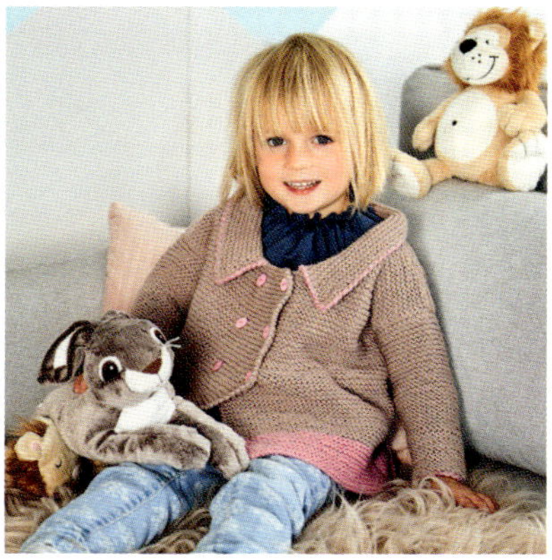

Altrosa & Camel S. 38

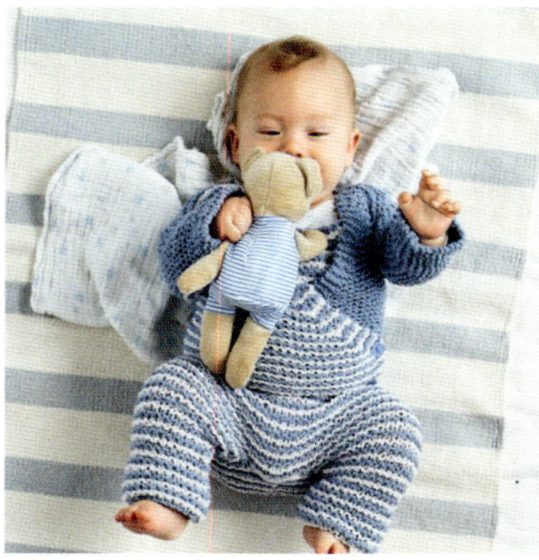

Jeansblau & Hellgrau S. 42

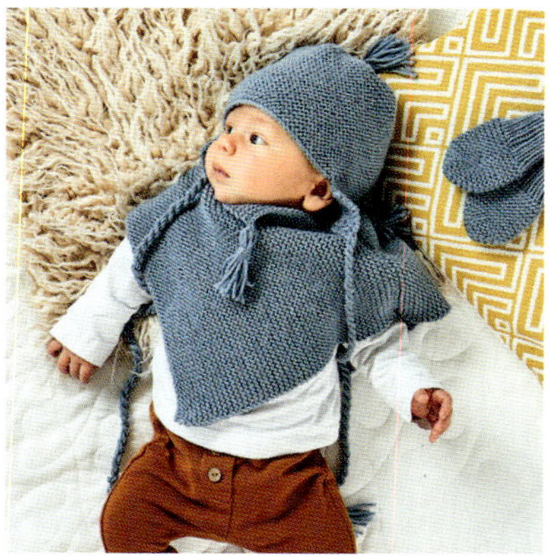

Wolkenblau S. 48

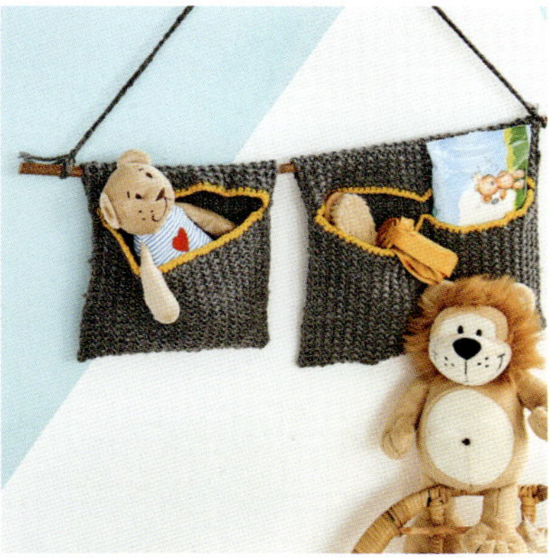

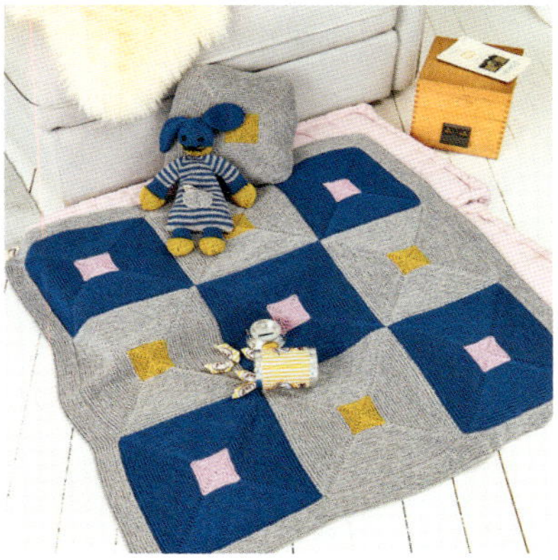

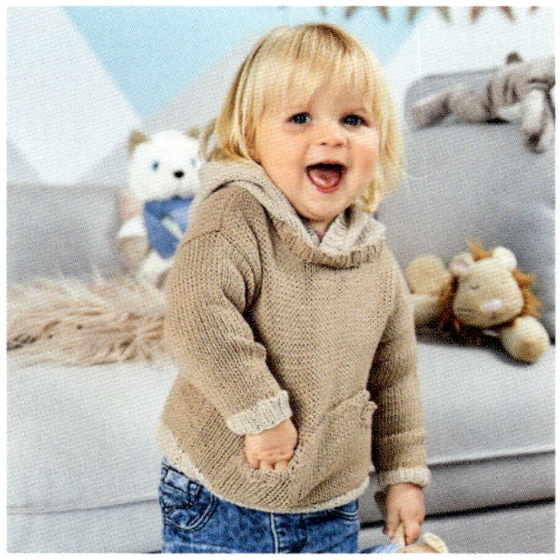

Flanellgrau S. 52

Tintenblau & Felsengrau S. 54

Beige & Sand S. 62

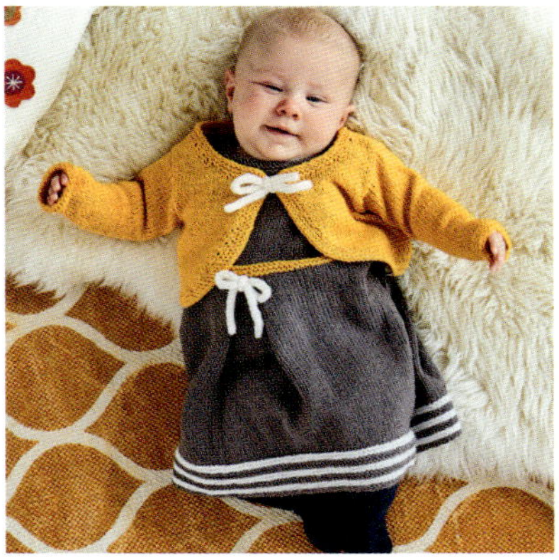

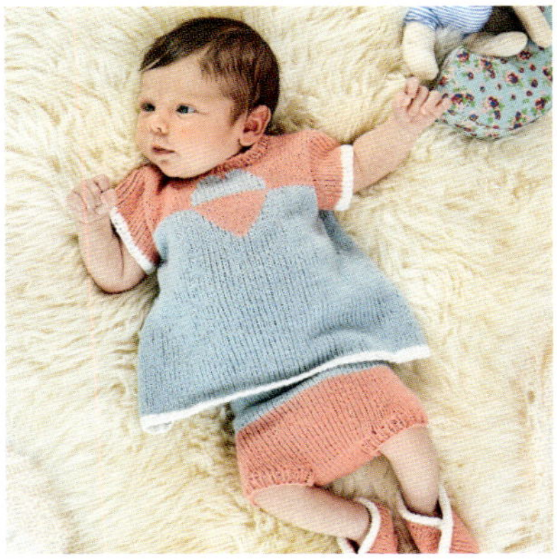

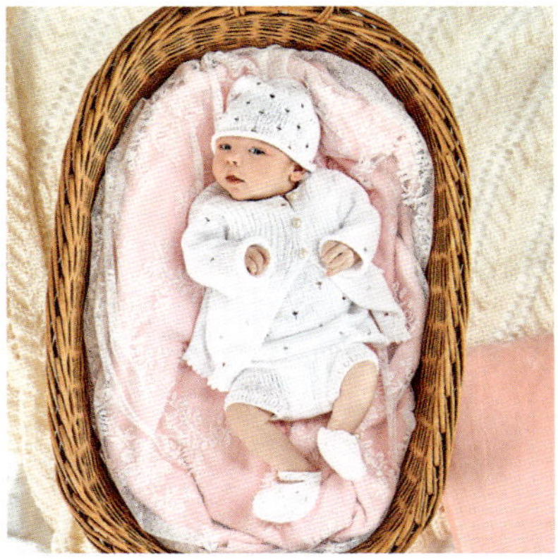

Goldgelb & Graubraun S. 66

Bonbonrosa & Blassgrün S. 72

Schneeweiß S. 78

Grundkurs Stricken S. 86

Impressum S. 92

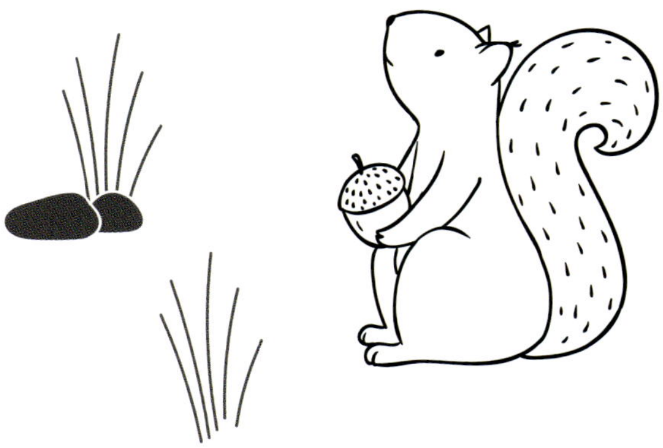

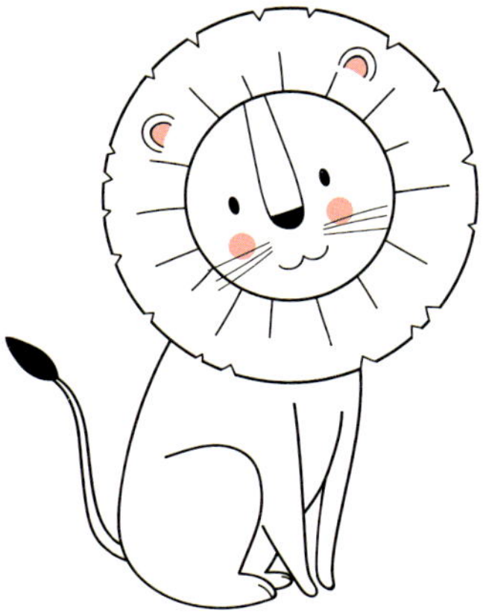

Seegrün

Pulli, Hose und Mütze

Pulli und Hose: Größe 68/74, 80/86 und 92
Mütze: Kopfumfang 31–33 cm, 34–36 cm und 37–39 cm
Die Angaben für die größeren Größen stehen in Klammern.
Steht nur eine Angabe, so gilt diese für alle Größen.
Schwierigkeitsgrad ♡ ♡

MATERIAL

- Lana Grossa »Cool Wool« (100 % Schurwolle, Lauflänge 160 m/50 g): 200 (200/250) g Graugrün meliert und 150 g Natur
- Stricknadeln Nr. 3,5
- Rundstricknadel Nr. 3 und Nr. 3,5, je 40 cm lang
- Nadelspiel Nr. 3 und 3,5
- Häkelnadel Nr. 3
- 5 Knöpfe, ø 15 mm (für den Pulli)

MUSTER

Rippenmuster: 1 Masche links, 1 Masche rechts im Wechsel stricken; in den Rückreihen die Maschen stricken, wie sie erscheinen.

Glatt rechts: In Hinreihen rechte Maschen, in Rückreihen linke Maschen stricken; in Runden stets rechte Maschen stricken.

Großes Perlmuster: 1 Masche links, 1 Masche rechts im Wechsel stricken; die Maschen nach jeweils 2 Reihen/Runden versetzen.

Streifenfolge: * 6 Reihen/Runden Graugrün meliert, 6 Reihen/Runden Natur, ab * stets wiederholen.

Betonte Abnahmen:
Am rechten Rand: Randmasche, 1 Masche rechts, 2 Maschen rechts zusammenstricken.
Am linken Rand: 2 Maschen rechts überzogen zusammenstricken (= 1 Masche wie zum Rechtsstricken abheben, 1 Masche rechts stricken, dann die abgehobene Masche überziehen), 1 Masche rechts, Randmasche.

Verkürzte Reihen mit Umschlägen:
In der Hinreihe bis zu den Maschen stricken, die stillgelegt werden sollen. Die Arbeit wenden. Einen Umschlag auf die Nadel nehmen, auf der auch die stillgelegten Maschen liegen. Die (Rück-)Reihe zurückstricken, dabei den Umschlag fest anziehen. Wenn wieder über alle Maschen gestrickt wird, bis zum Umschlag stricken, dann den Umschlag und die folgende Masche rechts zusammenstricken.

MASCHENPROBEN

Glatt rechts: 23 Maschen und 31 Reihen/Runden = 10 x 10 cm
Großes Perlmuster: 23,5 Maschen und 40 Reihen/Runden = 10 x 10 cm

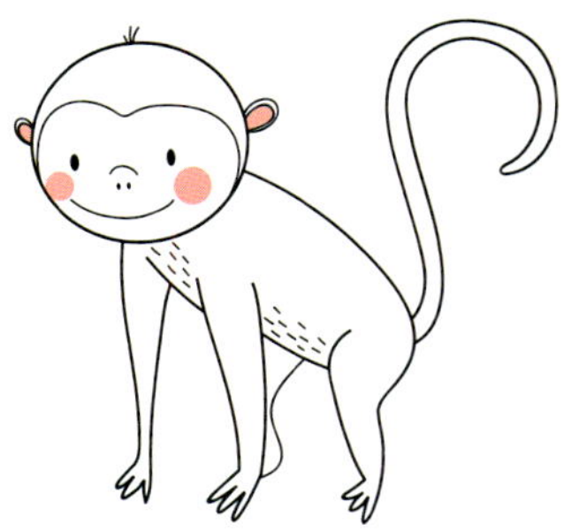

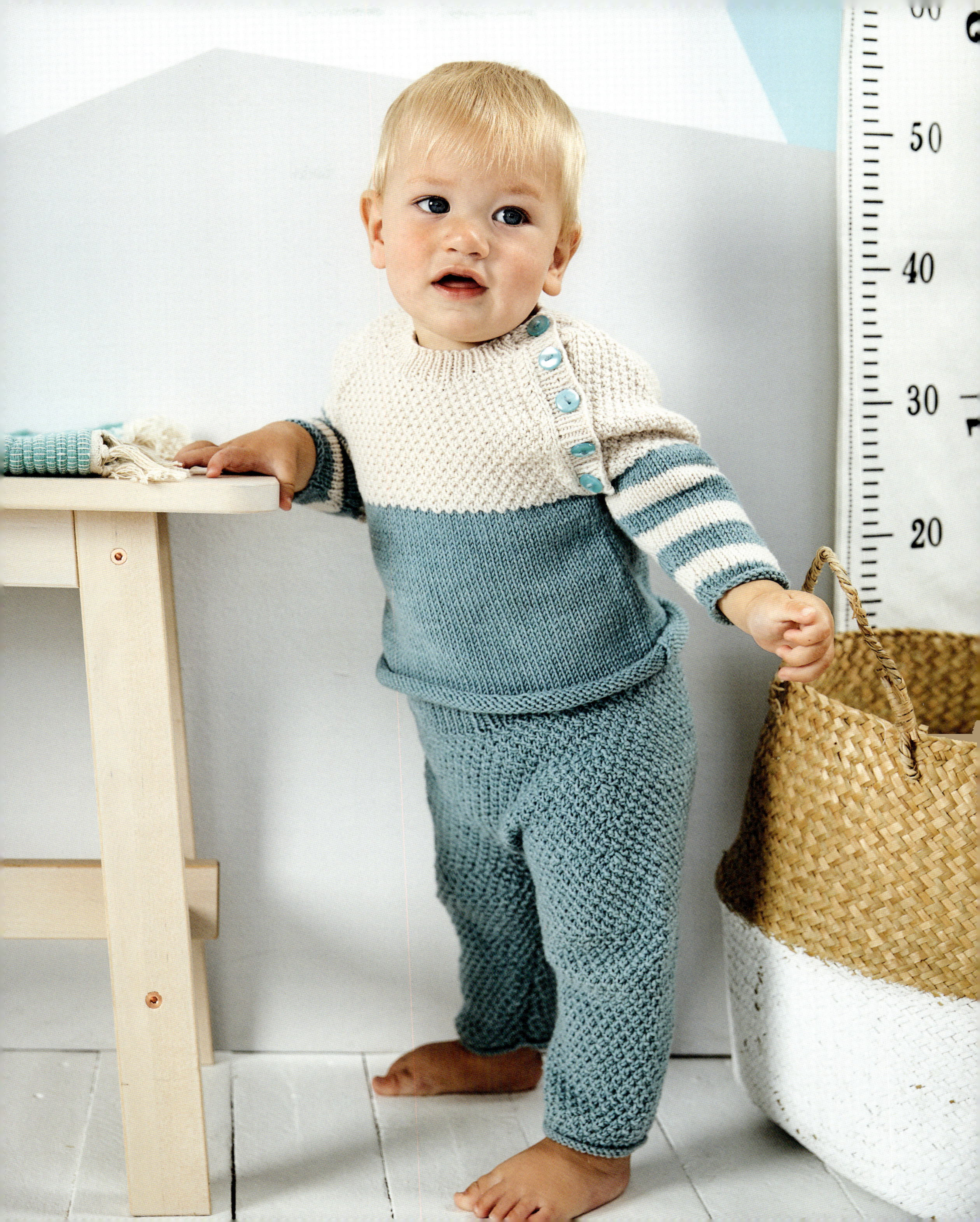
50
40
30
20

So geht's

PULLI

Rückenteil: 58 (62/66) Maschen mit Nadeln Nr. 3,5 in Graugrün meliert anschlagen und glatt rechts stricken, dabei mit 1 Rückreihe beginnen. In 15 (16/17) cm Gesamthöhe in Natur weiterstricken, dabei ab der 2. Reihe im großen Perlmuster weiterarbeiten und für die Raglanschrägen beidseitig 1x 1 Masche, dann in jeder 4. Reihe 7x (8x/9x) je 1 Masche und in jeder 2. Reihe 8x je 1 Masche betont abnehmen = 26 (28/30) Maschen. In 26 (28/30) cm Gesamthöhe die restlichen 26 (28/30) Maschen abketten.

Vorderteil: Wie das Rückenteil arbeiten, jedoch in 23 (25/27) cm Gesamthöhe für den Halsausschnitt die mittleren 8 (10/12) Maschen abketten und beide Seiten getrennt beenden. Für die Ausschnittrundung am inneren Rand in jeder 2. Reihe 1x 3 Maschen, 1x 2 Maschen und 1x 1 Masche abketten = 3 Maschen. In 26 (28/30) cm Gesamthöhe die restlichen 3 Maschen abketten. Die andere Seite gegengleich beenden.

Ärmel: 34 (36/38) Maschen mit Nadeln Nr. 3,5 in Graugrün meliert anschlagen und glatt rechts stricken, dabei mit 1 Rückreihe beginnen. Nach 1 cm = 3 Reihen ab Anschlag in der Streifenfolge weiterarbeiten, dabei für Größe 68/74 mit 6 Reihen Natur beginnen bzw. für Größe 80/86 mit 2 Reihen Graugrün meliert und 6 Reihen Natur beginnen. Für die Schrägungen beidseitig 1x in der 7. (7./9.) Reihe ab Anschlag, dann 4x (5x/5x) in jeder 6. Reihe und 1x (0x/0x) in jeder 4. Reihe je 1 Masche zunehmen = 46 (48/50) Maschen. In 12,5 (13,5/14,5) cm Gesamthöhe in Natur weiterstricken, dabei ab der 2. Reihe im großen Perlmuster weiterarbeiten und für die Raglanschrägen beidseitig 1x 1 Masche, dann in jeder 4. Reihe 7x (8x/9x) je 1 Masche und in jeder 2. Reihe 8x je 1 Masche betont abnehmen = 14 Maschen. In 23,5 (25,5/27,5) cm Gesamthöhe die restlichen 14 Maschen abketten. Den zweiten Ärmel ebenso arbeiten.

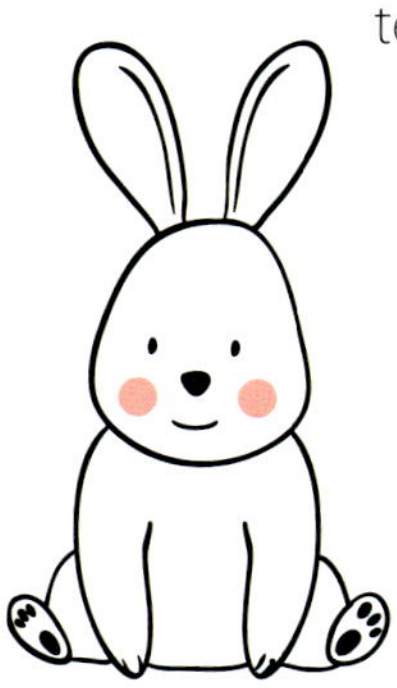

Fertigstellung: Teile laut Schnitt spannen, anfeuchten und trocknen lassen. Raglannähte schließen, dabei die Raglannaht zwischen Vorderteil und linkem Ärmel offen lassen. Aus dem Halsausschnitt 86 (90/94) Maschen in Natur mit der Rundstricknadel Nr. 3 auffassen und 2,5 cm im Rippenmuster stricken. Die Maschen abketten. Aus der offenen Raglanschräge des Vorderteils inklusive der Blendenschmalseite 43 (47/51) Maschen in Natur mit der Rundstricknadel Nr. 3 auffassen und 2 cm im Rippenmuster stricken, dabei nach 1 cm gleichmäßig verteilt fünf Knopflöcher arbeiten, dafür jeweils 1 Masche abketten und in der folgenden Reihe wieder dazu anschlagen. Maschen abketten. Den offenen Rand der Raglanschräge des linken Ärmels inklusive der Blendenschmalseite mit 1 Reihe fester Maschen mit Häkelnadel Nr. 3 in Natur umhäkeln. Ärmel- und Seitennähte schließen. Knöpfe annähen.

HOSE

Hosenbein: 47 (51/55) Maschen mit Nadeln 3,5 in Graugrün meliert anschlagen und 1 cm = 3 Reihen glatt rechts stricken, dabei mit 1 Rückreihe beginnen. Dann im großen Perlmuster weiterarbeiten und in der 1. Reihe gleichmäßig verteilt 2 (2/4) Maschen zunehmen = 49 (53/59) Maschen. Für die Beinschrägen beidseitig 1x in der 7. Reihe des großen Perlmusters 1 Masche, dann 4x (6x/8x) in jeder 6. Reihe und 4x (2x/0x) in jeder 4. Reihe je 1 Masche zunehmen = 67 (71/77) Maschen. In 13,5 (14,5/15,5) cm Gesamthöhe die Arbeit stilllegen. Das zweite Hosenbein ebenso arbeiten.
Nun alle Maschen auf eine Rundstricknadel Nr. 3,5 nehmen und zwischen den Hosenbeinen je 12 Maschen für den Zwickel dazu anschlagen und im großen Perlmuster in Runden weiterarbeiten = 158 (166/178) Maschen. Für die Zwickel in jeder 4. Runde die 1. und 2. Zwickelmasche mit der vorhergehenden Masche der Hosenbeine und die letzten 2 Zwickelmaschen mit der nachfolgenden Masche der Hosenbeine mustergemäß zusammenstricken; so lange wiederholen, bis alle Zwickelmaschen aufgebraucht sind = 134 (142/154) Maschen. Die Mitte der Hosenbeine markieren. Für die Abnahmen 1x (3x/5x) in jeder 12. Runde und 4x (2x/1x) in jeder 10. Runde je 4 Maschen abnehmen, dafür die Masche vor und nach der markierten Mitte

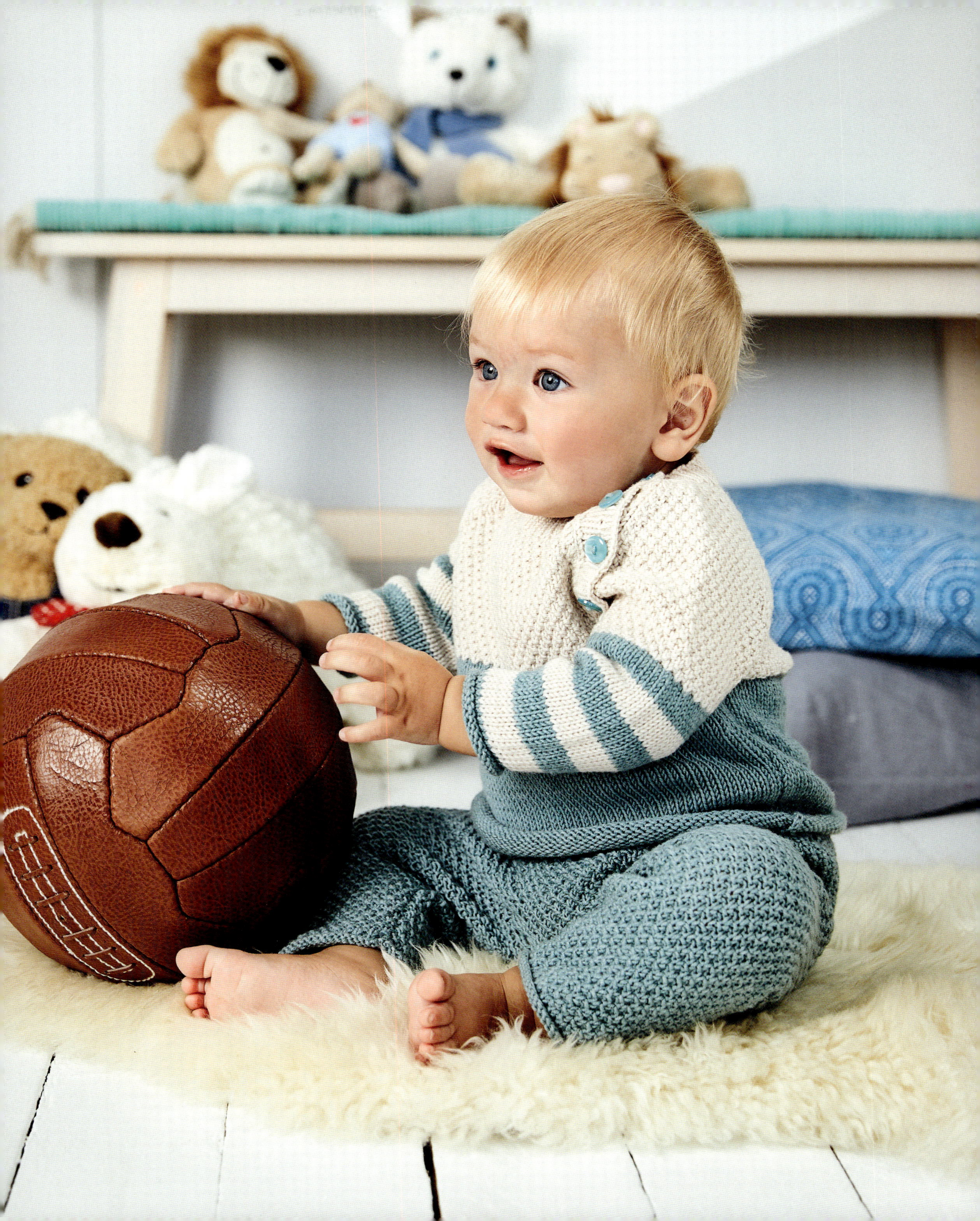

mit der markierten Masche mustergemäß zusammenstricken = 114 (122/130) Maschen. Nach 14 (15/16) cm ab Zwickelende die Arbeit jeweils in der Mitte der Hosenbeine teilen und über die rückwärtigen 57 (61/67) Maschen die Erhöhung der Hinterhose arbeiten. Dafür in jeder 2. Reihe 4x je 5 Maschen beidseitig stilllegen, d.h. in verkürzten Reihen arbeiten und beim Wenden 1 Umschlag auf die Nadel nehmen. Dann mit der Rundstricknadel Nr. 3 wieder über alle Maschen in Runden zunächst 1 Runde rechte Maschen stricken, dabei die Umschläge der verkürzten Reihen mit der Masche davor rechts überzogen zusammenstricken bzw. mit der Masche danach rechts zusammenstricken. Danach im Rippenmuster stricken. Nach 4 cm im Rippenmuster alle Maschen abketten.

Fertigstellung: Beinnähte schließen.

MÜTZE

72 (80/88) Maschen mit Nadeln Nr. 3 in Natur anschlagen, die Maschen gleichmäßig auf vier Spielnadeln verteilen – 18 (20/22) Maschen pro Nadel. Für den Bund 3 cm im Rippenmuster stricken. Dann mit Nadeln Nr. 3,5 glatt rechts in der Streifenfolge weiterarbeiten. In 9,5 (10,5/11,5) cm Gesamthöhe gleichmäßig verteilt 8 Maschen abnehmen = 64 (72/80) Maschen. Die weiteren Abnahmen 7x (8x/9x) in jeder 2. Runde über den gleichen Abnahmestellen ebenso arbeiten = 8 Maschen. Die restlichen 8 Maschen mit dem Faden zusammenziehen.

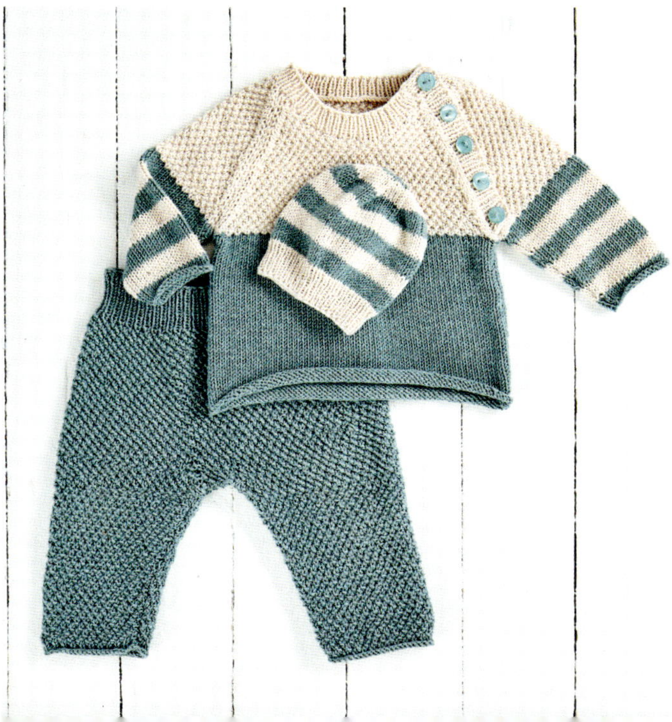

½ HOSE

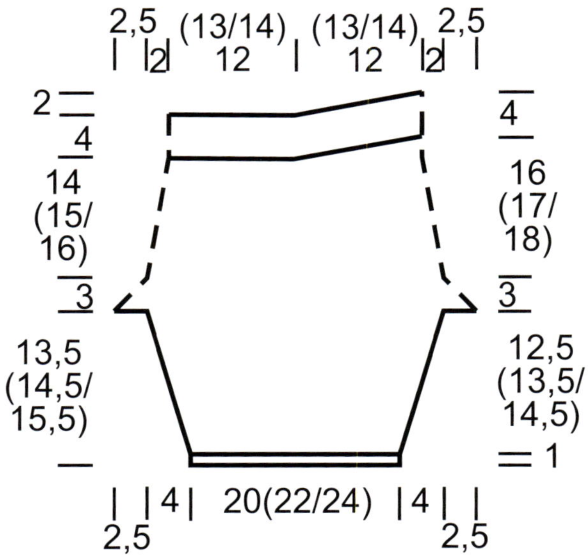

½ VORDER- UND RÜCKENTEIL

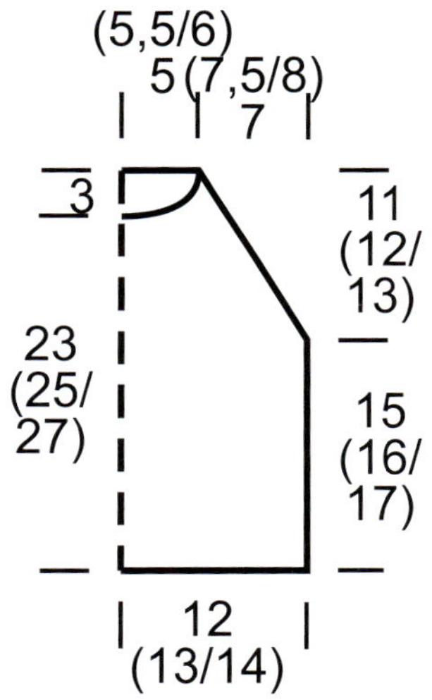

½ ÄRMEL

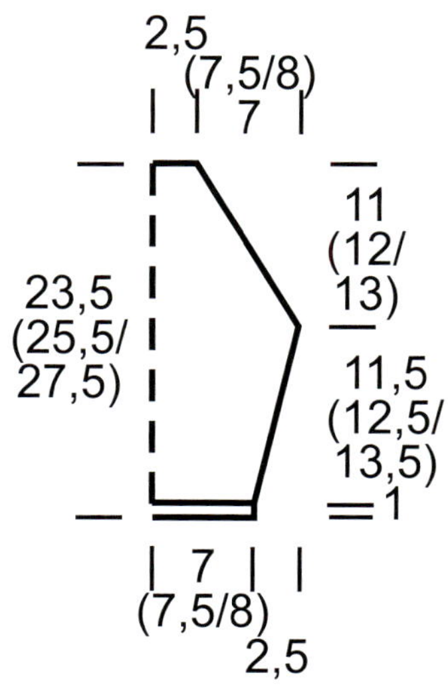

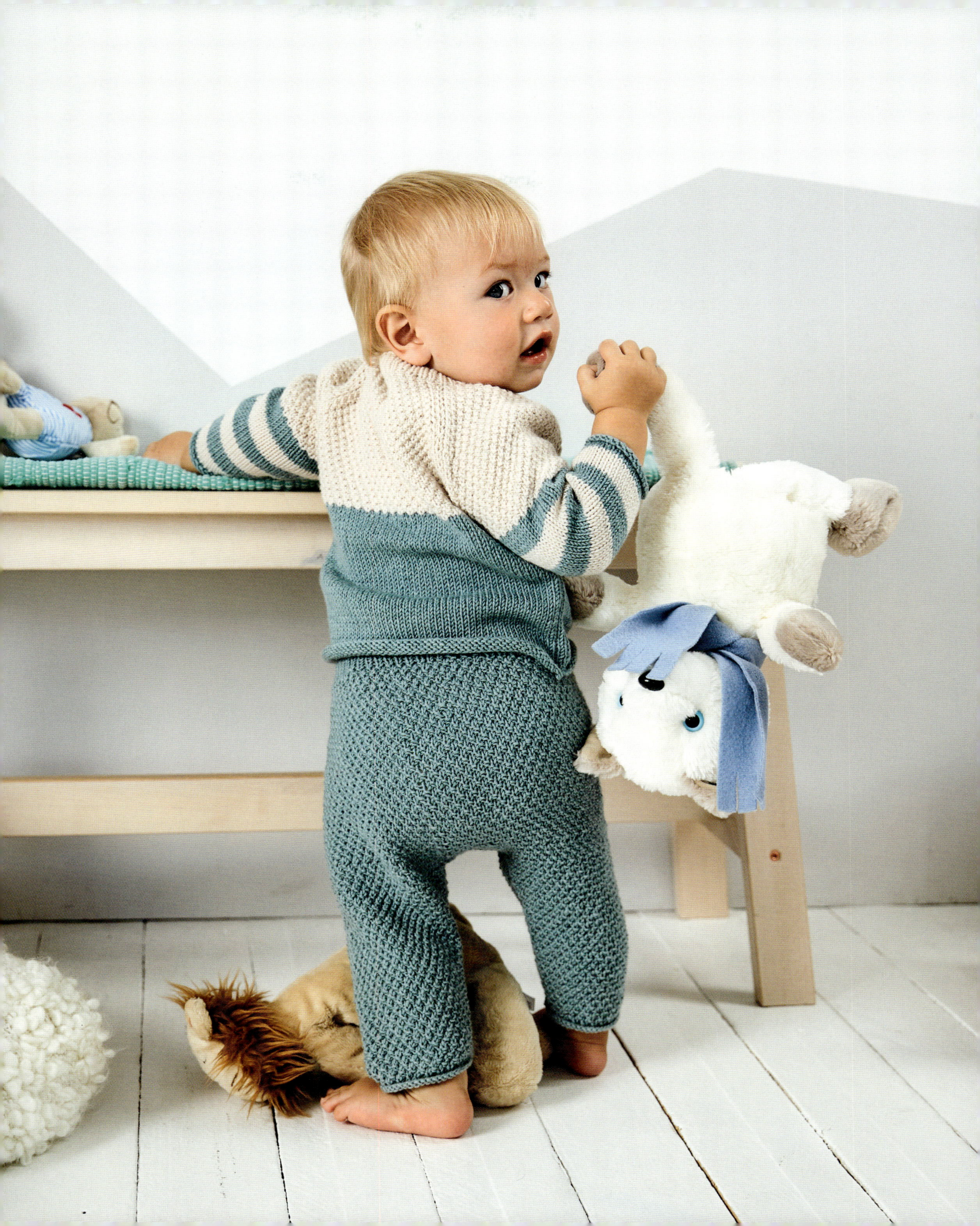

Wollweiß

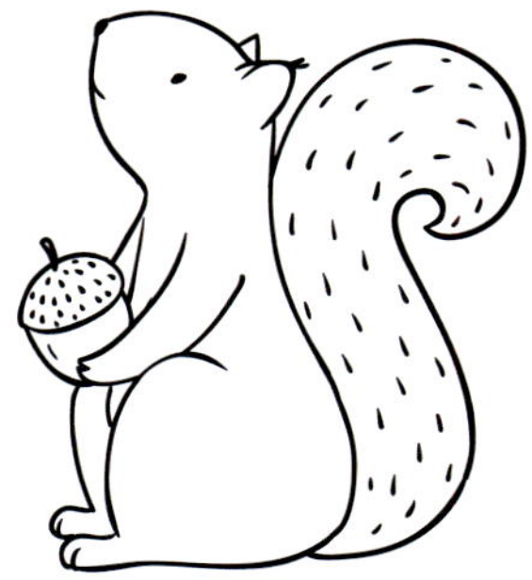

Pulli

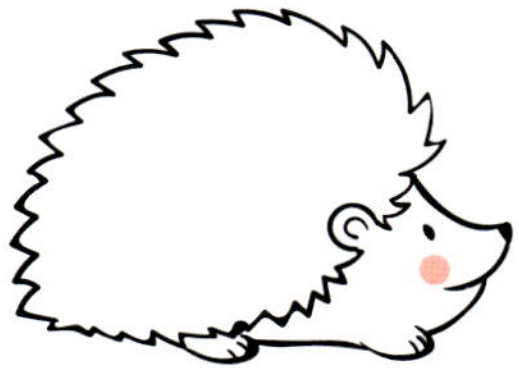

Größe 56/62, 68/74 und 80/86
Die Angaben für die größeren Größen stehen in Klammern.
Steht nur eine Angabe, so gilt diese für alle Größen.
Schwierigkeitsgrad ♡ ♡

MATERIAL

- Schulana »Sumerino« (100 % Schurwolle, Lauflänge 85 m/50 g): 200 (200/250) g Ecru
- Stricknadeln Nr. 4,5 und Nr. 5
- Rundstricknadel Nr. 4,5
- 6 Knöpfe, ø 15 mm

Glatt rechts: In Hinreihen rechte Maschen, in Rückreihen linke Maschen stricken.

Korbmuster: Maschenzahl teilbar durch 10 + 0 (4/8) + 2 Randmaschen. Laut Strickschrift stricken. Es sind die Hin- und Rückreihen gezeichnet. Die Maschen sind gezeichnet, wie sie auf der Vorderseite erscheinen.
<u>Größe 56/62:</u> Zwischen den Randmaschen den Mustersatz von 10 Maschen stets wiederholen.
<u>Größe 68/74:</u> Mit der Randmasche und den Maschen ab Pfeil A beginnen, den Mustersatz von 10 Maschen stets wiederholen und mit den ersten 2 Maschen und der Randmasche enden.
<u>Größe 80/86:</u> Mit der Randmasche und den Maschen ab Pfeil B beginnen, den Mustersatz von 10 Maschen stets wiederholen und mit den ersten 4 Maschen und der Randmasche enden.

MASCHENPROBEN

Blende: 18 Maschen und 6 Reihen = 10 x 2 cm
Korbmuster mit Nadeln Nr. 5: 19 Maschen und 33 Reihen = 10 x 10 cm

So geht's

Rückenteil: 49 (52/56) Maschen mit Nadeln Nr. 4,5 anschlagen und für die Blende 2 cm = 6 Reihen glatt rechts stricken, dabei mit 1 Rückreihe beginnen. Eine Rückreihe rechte Maschen (= Umbruch) und 2 cm = 6 Reihen glatt rechts stricken. Dann mit Nadeln Nr. 5 im Korbmuster weiterarbeiten, dabei in der 1. Reihe gleichmäßig verteilt 3 (4/4) Maschen zunehmen = 52 (56/60) Maschen. Für den Halsausschnitt nach 17,5 (19,5/20,5) cm ab Blende die mittleren 20 Maschen abketten und beide Seiten getrennt beenden. Für die Rundung am inneren Rand in der folgenden 2. Reihe 1x 2 Maschen abketten = 14 (16/18) Maschen. Nach 19 (21/23) cm ab Blende für den Untertritt noch 1,5 cm glatt rechts stricken, dann alle Maschen abketten. Die andere Seite gegengleich beenden.

Vorderteil: Wie das Rückenteil stricken, jedoch für den tieferen Halsausschnitt bereits nach 15 (17/19) cm ab Blende die mittleren 12 Maschen abketten und beide Seiten getrennt beenden. Für die Ausschnittrundung am inneren Rand in jeder 2. Reihe 1x 3 Maschen, 1x 2 Maschen und 1x 1 Masche abketten. Nach 17,5 (19,5/21,5) cm ab Blende für die im Tragen rechte Knopflochblende glatt rechts weiterstricken. Nach 3 Reihen in der folgenden Rückreihe für die beiden Knopflöcher wie folgt stricken: 3 (4/4) Maschen stricken, 1 Umschlag, 2 Maschen links zusammenstricken, 4 (5/5) Maschen stricken, 1 Umschlag, 2 Maschen links zusammenstricken, 3 (3/4) Maschen stricken. Nach 5 Reihen

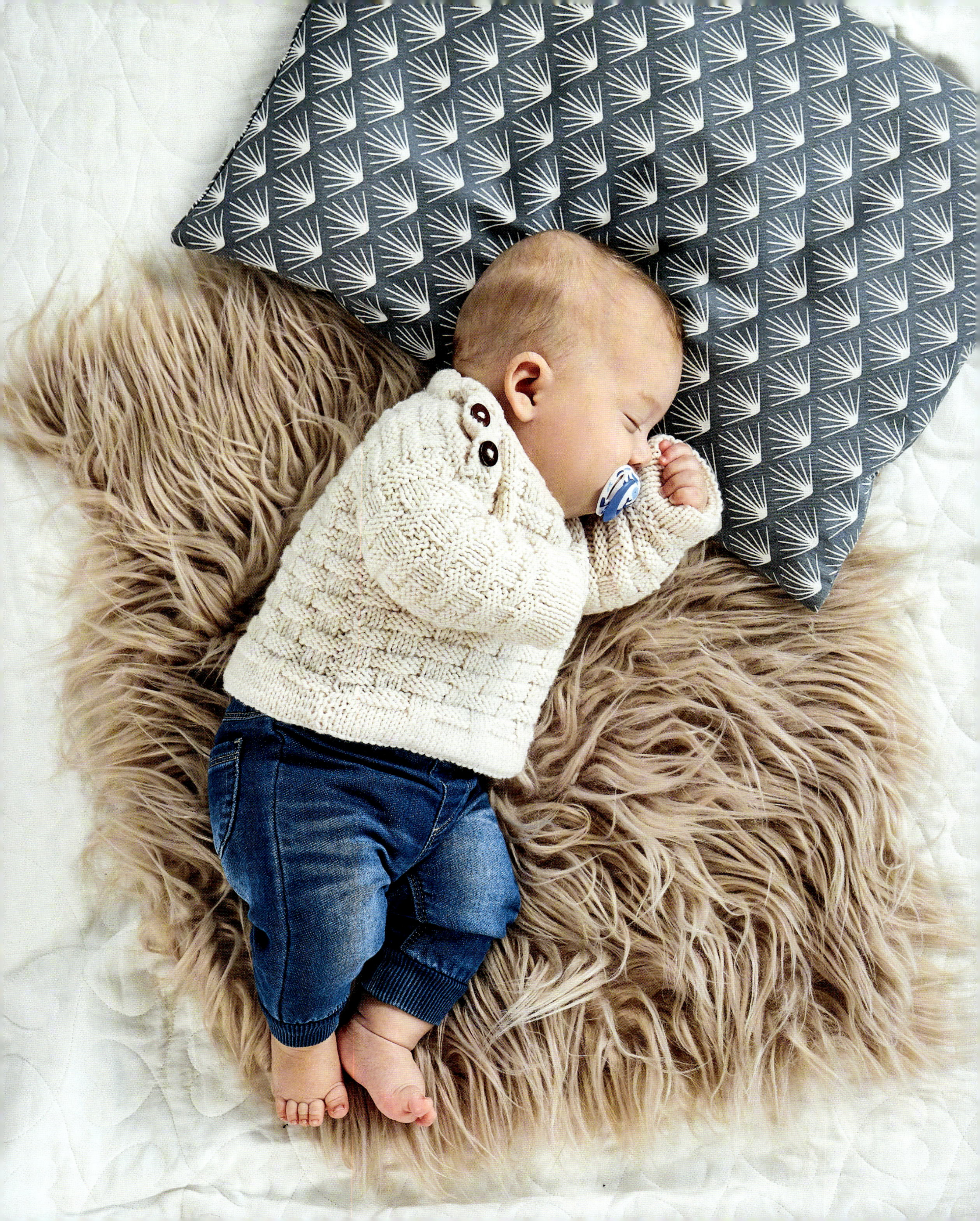

Knopflochblendenhöhe 1 Rückreihe rechte Maschen und noch 5 Reihen glatt rechts stricken, dabei in der 3. Reihe für die Knopflöcher 3 (3/4) Maschen stricken, 2 Maschen rechts zusammenstricken, 1 Umschlag, 4 (5/5) Maschen stricken, 2 Maschen rechts zusammenstricken, 1 Umschlag, 3 (4/4) Maschen stricken. Nach den glatt rechten Reihen alle 14 (16/18) Schultermaschen abketten. Die im Tragen linke Schulter gegengleich beenden.

Ärmel: 29 (31/33) Maschen mit Nadeln Nr. 4,5 anschlagen und für die Blende 4 cm = 13 Reihen wie beim Rückenteil stricken. Dann mit Nadeln Nr. 5 im Korbmuster weiterarbeiten, dabei in der 1. Reihe 1 Masche zunehmen = 30 (32/34) Maschen und die Maschen wie folgt einteilen:
Größe 56/62: Mit der Randmasche und den letzten 9 Maschen beginnen, den Mustersatz 1x stricken und mit den ersten 9 Maschen und der Randmasche enden.
Größe 68/74: Zwischen den Randmaschen den Mustersatz 3x stricken.
Größe 80/86: Mit der Randmasche und der letzten Masche beginnen, den Mustersatz 3x stricken und mit der ersten Masche und der Randmasche enden.
Für die Ärmelschrägungen beidseitig 3x in jeder 10. Reihe (3x in jeder 10. Reihe und 1x in der folgenden 8. Reihe/2x in jeder 10. Reihe und 3x in jeder 8. Reihe) je 1 Masche mustergemäß zunehmen = 36 (40/44) Maschen. Nach 12,5 (14,5/16,5) cm ab Blende alle Maschen abketten. Den zweiten Ärmel ebenso stricken.

STRICKSCHRIFT

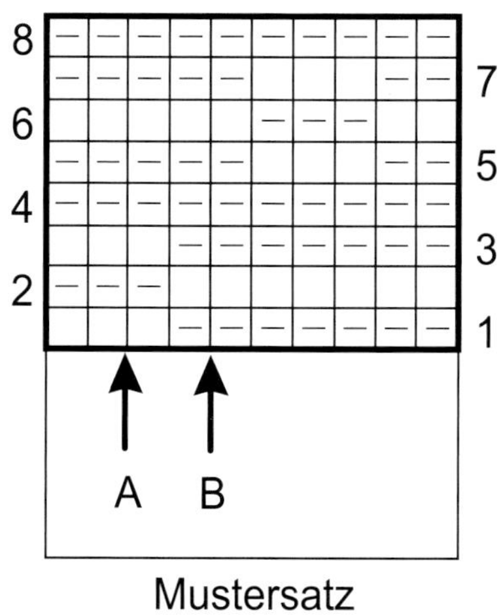

ZEICHENERKLÄRUNG

□ = in Hinreihen 1 Masche rechts, in Rückreihen 1 Masche links

⊟ = in Hinreihen 1 Masche links, in Rückreihen 1 Masche rechts

Fertigstellung: Teile laut Schnitt spannen, anfeuchten und trocknen lassen. Für die Blende aus dem rückwärtigen Halsausschnitt 35 Maschen mit der Rundstricknadel auffassen, 4 Reihen glatt rechts, 1 Rückreihe rechte Maschen (= Umbruch) und 4 Reihen glatt rechts stricken. Dann alle Maschen abketten. Die Blende zur Hälfte nach innen umschlagen und annähen. Am Vorderteil die Schulterblenden nach innen umschlagen und annähen. Für die Blende aus dem vorderen Halsausschnitt einschließlich Blendenschmalseiten 34 Maschen mit der Rundstricknadel auffassen, 4 Reihen glatt rechts stricken, dabei für die Knopflöcher in der 2. Reihe (= Hinreihe) 2 Maschen stricken, 2 Maschen rechts zusammenstricken, 1 Umschlag, 25 Maschen stricken, 2 Maschen rechts zusammenstricken, 1 Umschlag, 2 Maschen stricken. Danach 1 Rückreihe rechte Maschen (= Umbruch) und 4 Reihen glatt rechts stricken, dabei in der 3. Reihe (= Hinreihe) noch einmal die Knopflöcher arbeiten. Danach alle Maschen abketten. Die Blende zur Hälfte nach innen umschlagen und annähen. Ärmel einsetzen. Seiten- und Ärmelnähte schließen. Knöpfe annähen.

½ VORDER- UND RÜCKENTEIL

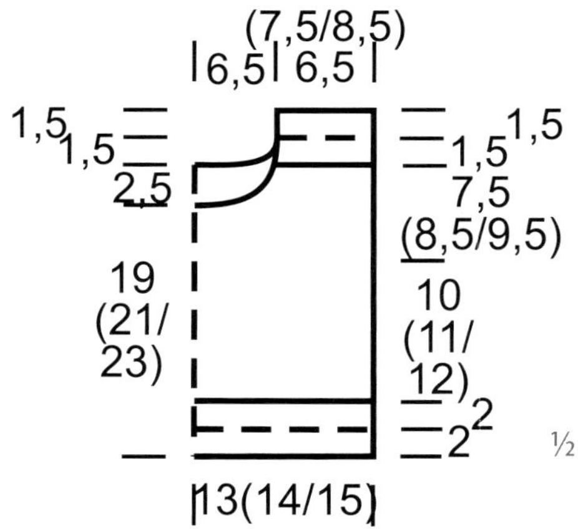

½ ÄRMEL

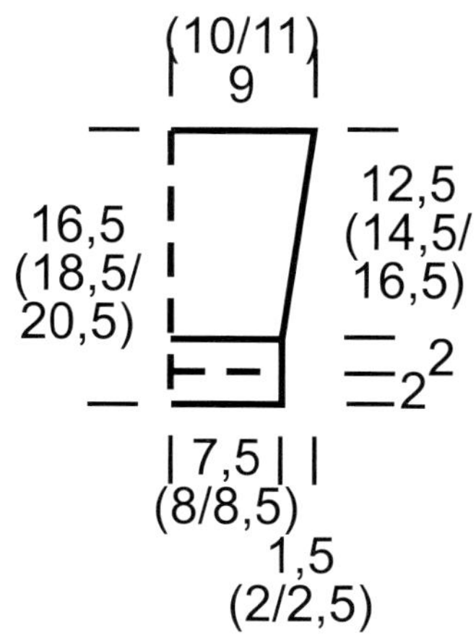

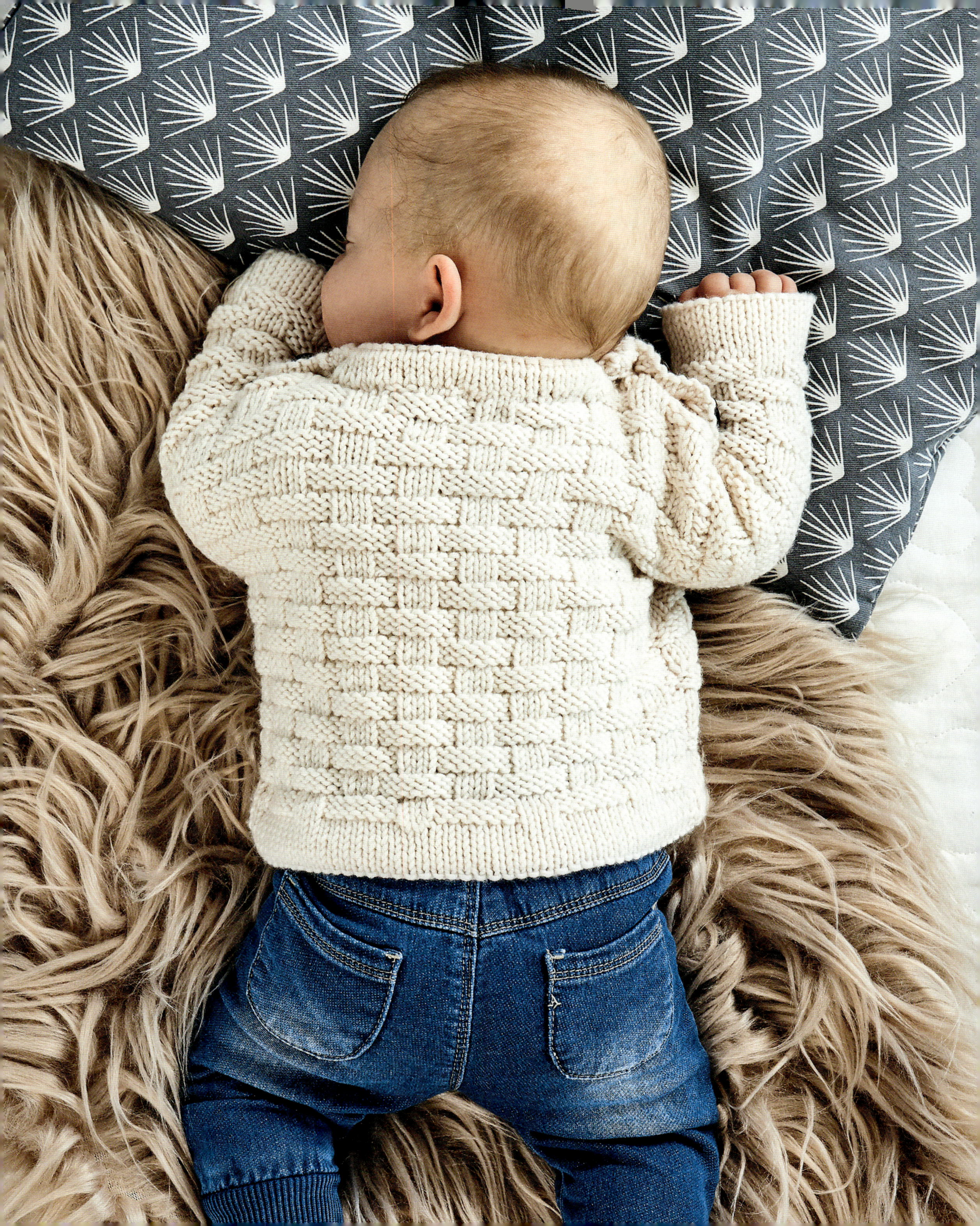

Altrosa & Kieselgrau

Kleid und Jacke

Größe 56/60, 68/74 und 80/86
Die Angaben für die größeren Größen stehen in Klammern.
Steht nur eine Angabe, so gilt diese für alle Größen.
Schwierigkeitsgrad ♡ ♡

MATERIAL

- Lana Grossa »Cashair« (60 % Baumwolle, 30 % Polyamid, 10 % Kaschmir, Lauflänge 225 m/50 g): je 100 g Altrosa und Grau, 50 g Marsalarot
- Stricknadeln Nr. 4
- Rundstricknadel Nr. 4, 40 cm lang
- 5 Herzknöpfe in Rosa, 15 mm (2 für das Kleid, 3 für die Jacke)

MATERIAL

Blendenmuster: 1 Masche rechts, 1 Masche links im Wechsel stricken; in den Rückreihen die Maschen stricken, wie sie erscheinen.

Rippenmuster: 4 Maschen links, 1 Masche rechts im Wechsel stricken; in den Rückreihen die Maschen stricken, wie sie erscheinen.

Kraus rechts: In Hin- und Rückreihen rechte Maschen stricken.

Glatt rechts: In Hinreihen rechte Maschen, in Rückreihen linke Maschen stricken.

Kleines Perlmuster: 1 Masche rechts, 1 Masche links im Wechsel stricken; die Maschen nach 1 Reihe versetzen.

Streifenfolge: * 1 Reihe Marsalarot, 1 Reihe Altrosa, 1 Reihe Grau, ab * stets wiederholen.

MASCHENPROBEN

Glatt rechts: 30 Maschen und 42 Reihen = 10 x 10 cm
Kleines Perlmuster: 28 Maschen und 51 Reihen = 10 x 10 cm
Rippenmuster: 30,5 Maschen und 44 Reihen = 10 x 10 cm

So geht's

KLEID

Rückenteil: 89 (95/101) Maschen mit Nadeln Nr. 4 in Grau anschlagen und 3 Reihen kraus rechts stricken, dabei mit 1 Rückreihe beginnen. Dann 18 Reihen im kleinen Perlmuster in der Streifenfolge stricken. Danach in Grau weiterarbeiten und zunächst 4 Reihen kraus rechts stricken. Nun glatt rechts weiterstricken, dabei in der 1. Reihe gleichmäßig verteilt 6 Maschen zunehmen = 95 (101/107) Maschen. In 18 (19/20) cm Gesamthöhe 4 Reihen kraus rechts stricken, dabei in der 1. Reihe gleichmäßig verteilt 34 (38/42) Maschen abnehmen = 61 (63/65) Maschen. Danach im kleinen Perlmuster in der Streifenfolge weiterarbeiten. In 19 (21/23) cm Gesamthöhe für die Armausschnitte beidseitig 1x 2 Maschen und in jeder 2. Reihe 1x 2 Maschen und 2x je 1 Masche abketten = 49 (51/53) Maschen. In 27,5

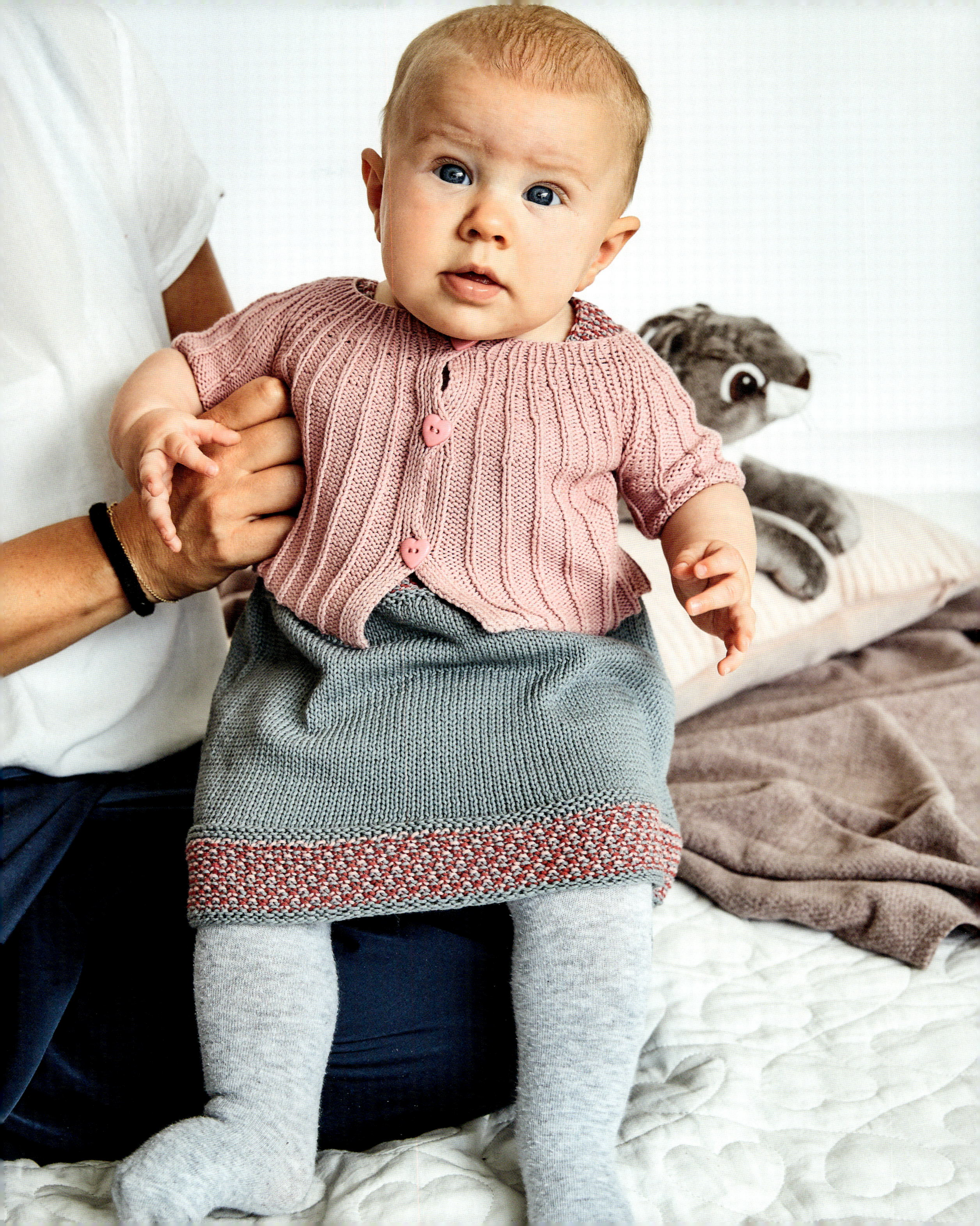

(30,5 / 33,5) cm Gesamthöhe für den Halsausschnitt die mittleren 27 (29 / 31) Maschen abketten und die beiden Träger getrennt beenden. Nach weiteren 17 cm ab Halsausschnitt in der Mitte des Trägers ein Knopfloch arbeiten: 2 Masche rechts zusammenstricken, 1 Umschlag. Nach weiteren 18 cm ab Halsausschnitt die restlichen 11 Maschen abketten. Den zweiten Träger ebenso arbeiten.

Vorderteil: Wie das Rückenteil arbeiten, jedoch in 27,5 (30,5 / 33,5) cm Gesamthöhe alle Maschen abketten.

Fertigstellung: Teile laut Schnitt spannen, anfeuchten und trocknen lassen. Seitennähte schließen. Knöpfe annähen.

Hinweis: Die Trägerlänge am Kind festlegen.

KLEID: ½ VORDER- UND RÜCKENTEIL

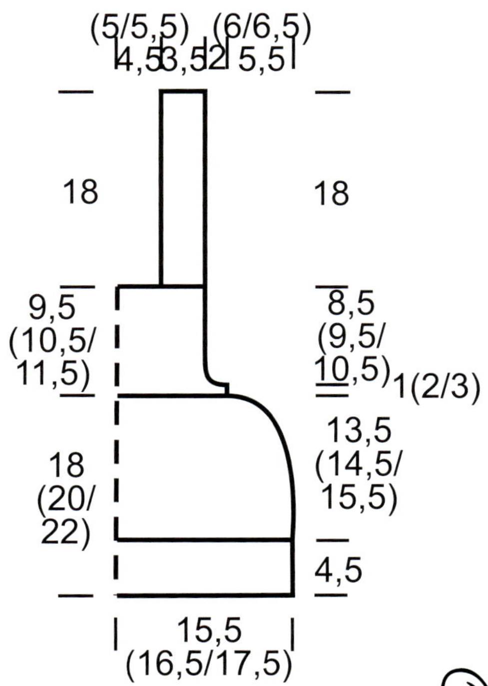

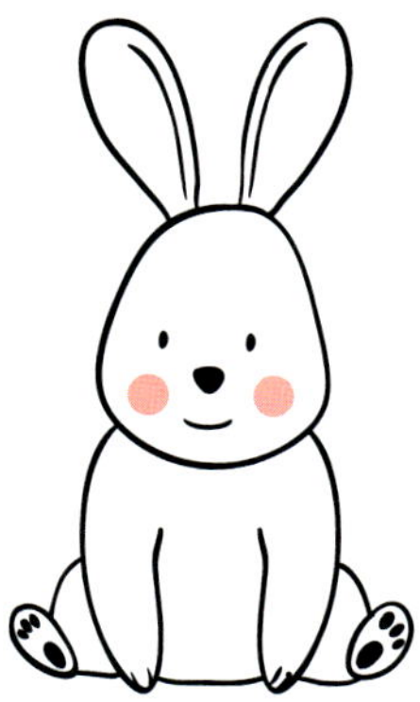

JACKE

Rückenteil: 78 (88 / 98) Maschen mit Nadeln Nr. 4 in Altrosa anschlagen und im Rippenmuster stricken, dafür in der 1. Reihe = Hinreihe die Maschen wie folgt einteilen: Randmasche, * 1 Masche rechts, 4 Maschen links, ab * 15x (17x / 19x) arbeiten, 1 Masche rechts, Randmasche. In 11 (12 / 13) cm Gesamthöhe die Maschen stilllegen.

Linkes Vorderteil: 46 (51 / 56) Maschen mit Nadeln Nr. 4 in Altrosa anschlagen und im Rippenmuster stricken, dafür in der 1. Reihe = Hinreihe die Maschen wie folgt einteilen: Randmasche, * 4 Maschen links, 1 Masche rechts, ab * 8x (9x / 10x) arbeiten, ** 1 Masche links, 1 Masche rechts, ab ** 2x arbeiten, Randmasche = 5 Blendenmaschen. In 11 (12 / 13) cm Gesamthöhe die Maschen stilllegen.

Rechtes Vorderteil: Wie das linke Vorderteil, jedoch gegengleich arbeiten und nach 5,5 (6 / 7) cm Gesamthöhe das erste Knopfloch arbeiten: die 3. und 4. Masche rechts zusammenstricken, 1 Umschlag. Die folgenden zwei Knopflöcher mit einem Abstand von 5,5 (6 / 7) cm ebenso arbeiten.

Ärmel: 47 (52 / 57) Maschen mit Nadeln Nr. 4 in Altrosa anschlagen und im Rippenmuster stricken, dafür in der 1. Reihe = Hinreihe die Maschen wie folgt einteilen: Randmasche, * 4 Maschen links, 1 Masche rechts, ab * 9x (10x / 11x) arbeiten, Randmasche. In 4,5 (5,5 / 6,5) cm Gesamthöhe die Maschen stilllegen. Den zweiten Ärmel ebenso stricken.

Passe: Die Maschen aller Teile auf eine Rundstricknadel Nr. 4 nehmen: 46 (51 / 56) Maschen rechtes Vorderteil, 47 (52 / 57) Maschen rechter Ärmel, 78 (88 / 98) Maschen Rückenteil, 47 (52 / 57) Maschen linker Ärmel, 46 (51 / 56) Maschen linkes Vorderteil = 264 (294 / 324) Maschen. Die Mascheneinteilung fortsetzen, dabei in der 1. Reihe die aufeinandertreffenden Randmaschen mit der Masche davor und danach mustergemäß zusammenstricken = 256 (286 / 316) Maschen. Für die Abnahmen ab Passenbeginn zwischen den je 5 Blendenmaschen 1x in der 10. (12. / 14.) Reihe, 1x in der folgenden 8. Reihe und 1x in der folgenden 6. Reihe in jeder Linksrippe je 2 Maschen links zusammen-

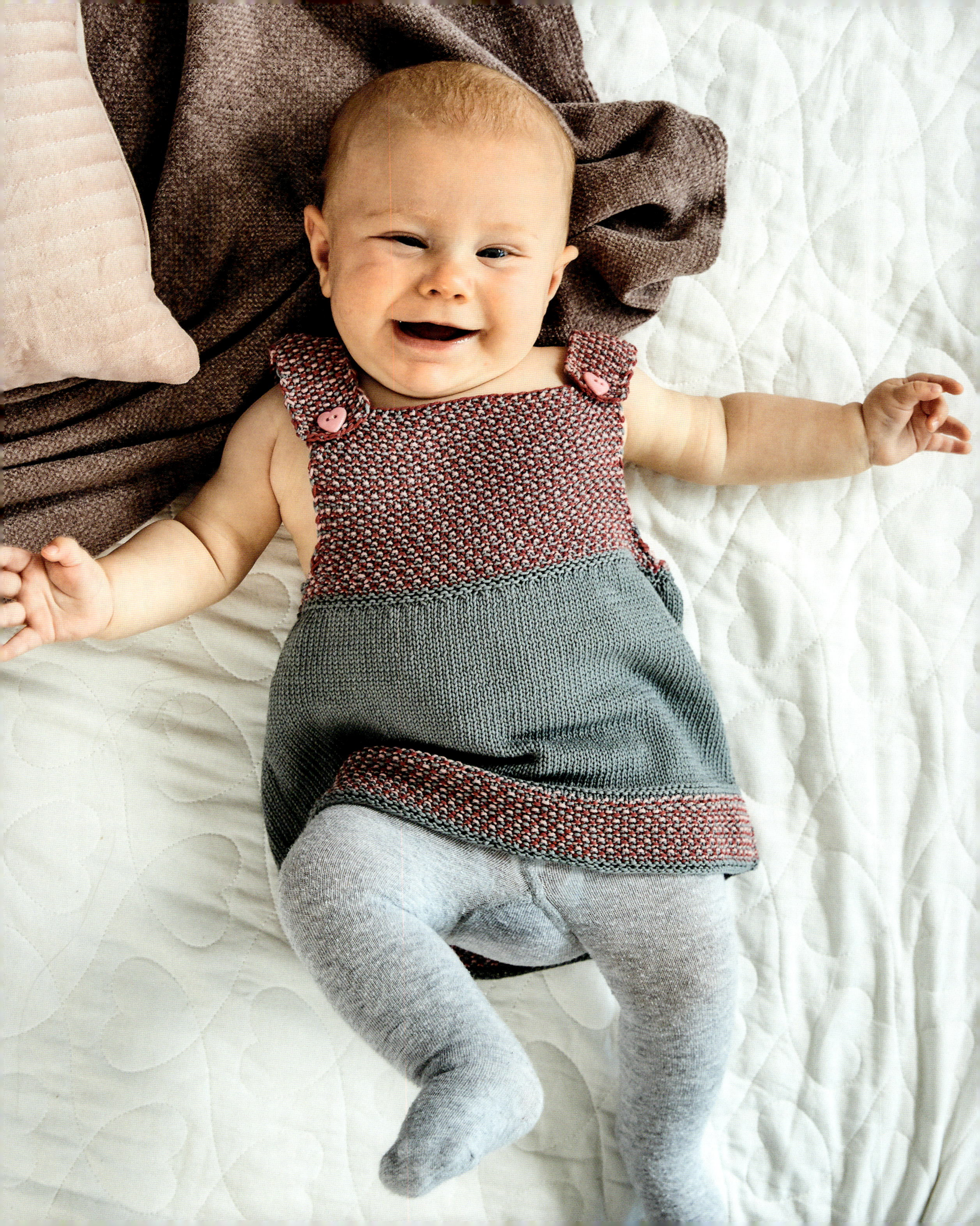

stricken = pro Abnahmereihe 49 (55 / 61) Maschen abnehmen = 109 (121 / 133) Maschen.

Nur über den restlichen 18 (20 / 22) Maschen der Ärmel weitere Abnahmen arbeiten, dafür in der folgenden 4. Reihe für die jeweilige Größe wie folgt arbeiten:

Größe 56 / 60: * 3 Maschen links zusammenstricken, 1 Masche rechts, 1 Masche links, 1 Masche rechts, ab * 3x arbeiten = 97 Maschen.

Größe 68 / 74: * 3 Maschen links zusammenstricken, 1 Masche rechts, 1 Masche links, 1 Masche rechts, ab * 3x arbeiten, 1 Masche links, 1 Masche rechts = 109 Maschen.

Größe 80 / 86: * 3 Maschen links zusammenstricken, 1 Masche rechts, 1 Masche links, 1 Masche rechts, ab * 4x arbeiten, 1 Masche links, 1 Masche rechts = 117 Maschen.

Nach 7 (8 / 9) cm ab Passenbeginn die restlichen 97 (109 / 117) Maschen abketten.

Fertigstellung: Teil laut Schnitt spannen, anfeuchten und trocknen lassen. Ärmel- und Seitennähte schließen. Knöpfe annähen.

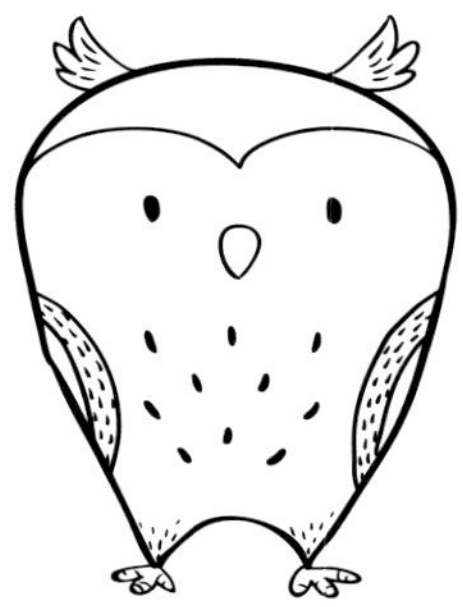

JACKE: ½ RÜCKEN- UND LINKES VORDERTEIL

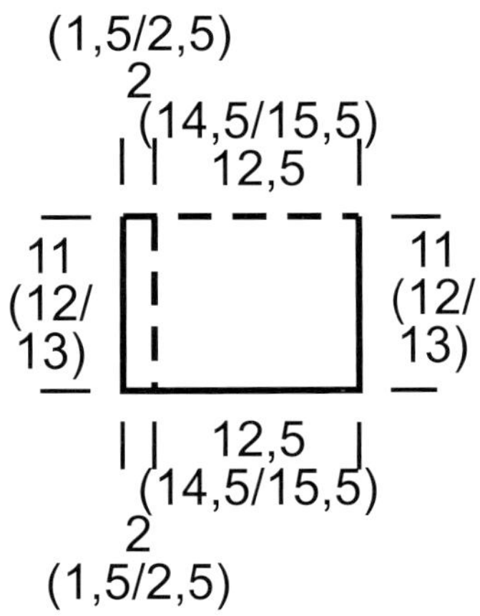

½ ÄRMEL

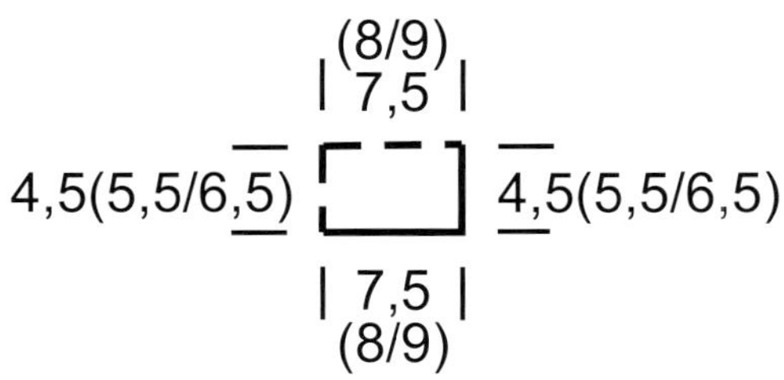

Flieder

Decke und Kissen

Decke: 63 x 69 cm
Kissen: 25 x 25 cm
Schwierigkeitsgrad ♡ ♡

MATERIAL

- Lana Grossa »Bingo« (100 % Schurwolle, Lauflänge 80 m / 50 g): 500 g Antikviolett meliert
- Stricknadeln Nr. 5,5
- 3 Knöpfe, ø 23 mm
- Füllkissen, 25 x 25 cm, oder Füllwatte

MUSTER

Kraus rechts: In Hin- und Rückreihen rechte Maschen stricken.

Flechtmuster: Maschenzahl teilbar durch 16 + 1. Laut Strickschrift stricken. Es sind nur die Hinreihen gezeichnet; in den Rückreihen die Maschen stricken, wie sie erscheinen. Mit der Masche vor dem Mustersatz beginnen, den Mustersatz von 16 Maschen stets wiederholen und mit der Masche nach dem Mustersatz enden. Die 1.–16. Reihe stets wiederholen.

MASCHENPROBE

Flechtmuster: 20,5 Maschen und 25 Reihen = 10 x 10 cm

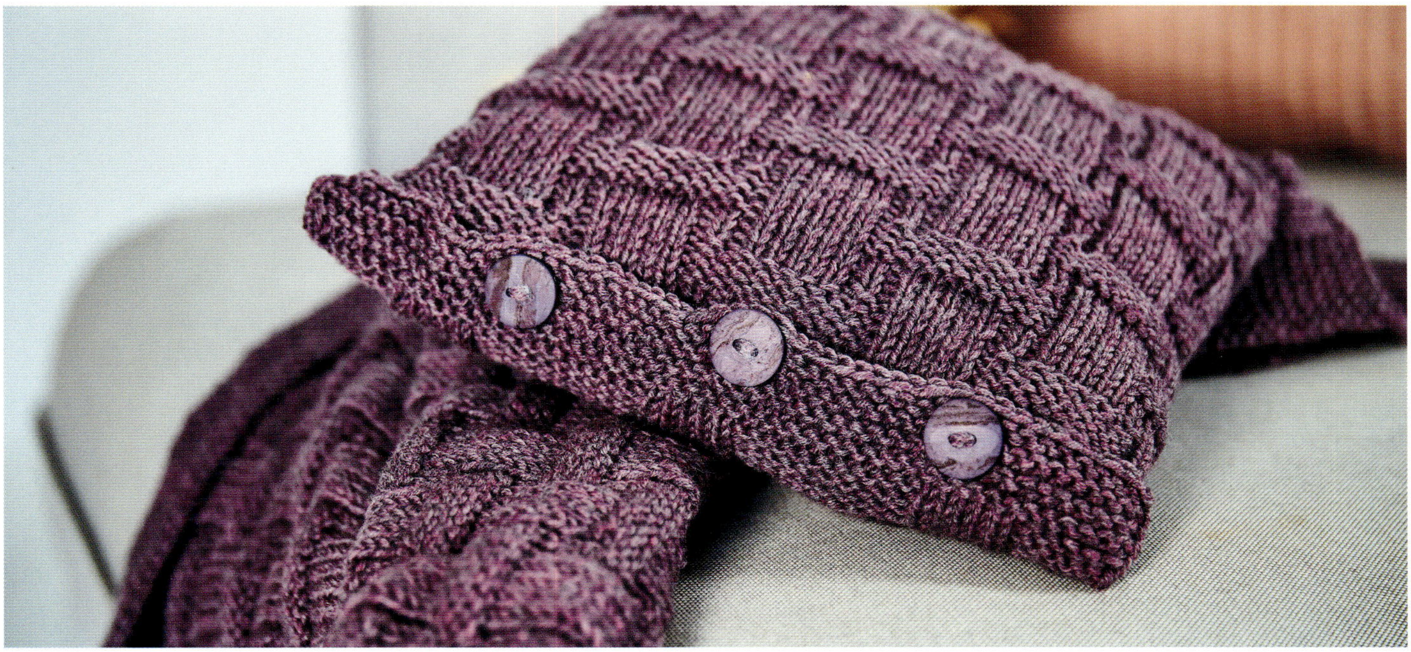

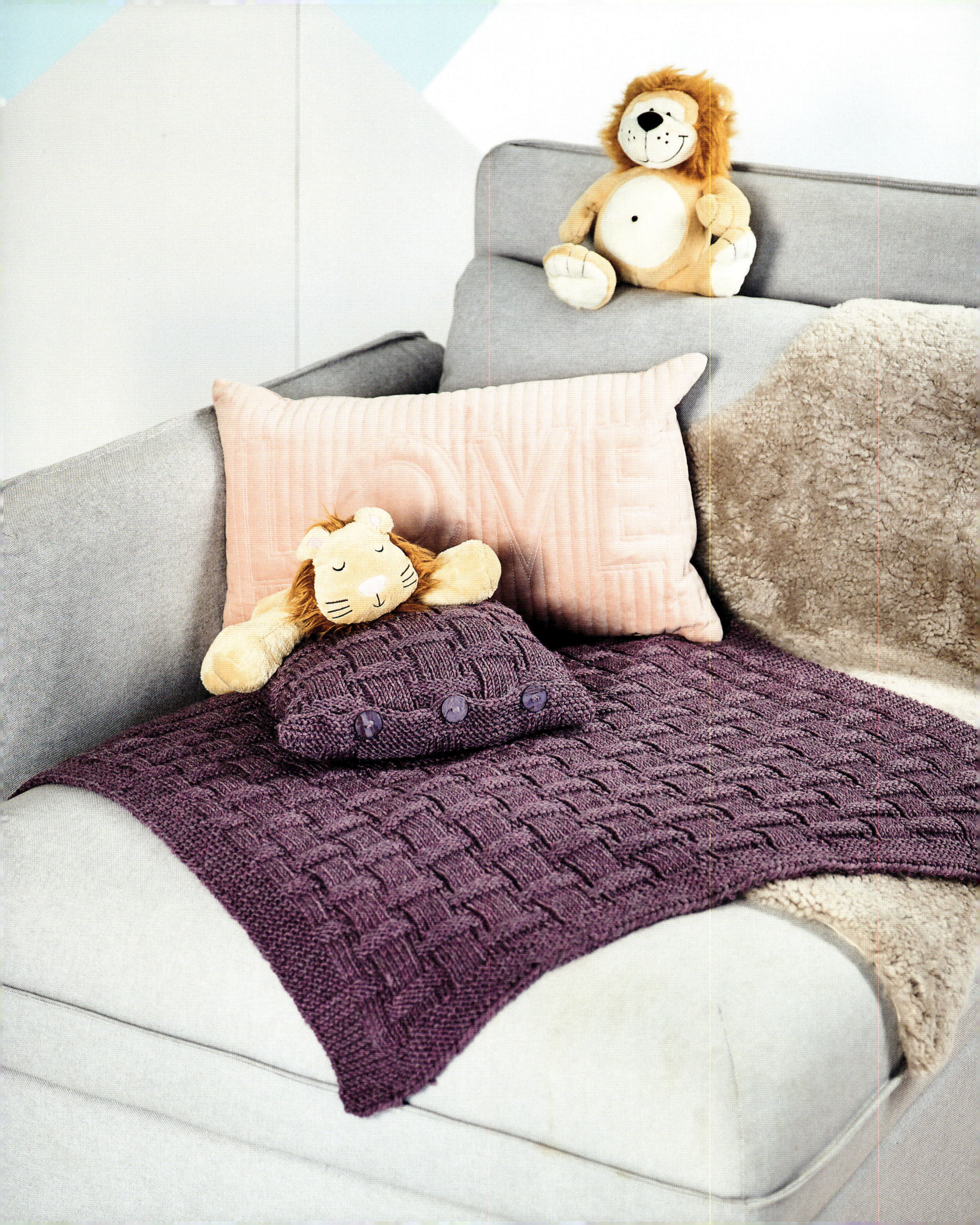

So geht's

DECKE

129 Maschen anschlagen und 5 cm = 13 Reihen kraus rechts stricken, dabei mit 1 Rückreihe beginnen. Dann die Maschen wie folgt einteilen: 8 Maschen kraus rechts (inklusive Randmasche), 113 Maschen Flechtmuster, 8 Maschen kraus rechts (inklusive Randmasche). Nach 59 cm = 148 Reihen im Flechtmuster über alle Maschen 5 cm = 13 Reihen kraus rechts stricken. Dann alle Maschen abketten.

KISSEN

51 Maschen anschlagen und die Maschen wie folgt einteilen: Randmasche, 49 Maschen Flechtmuster, Randmasche. Nach 51 cm = 128 Reihen im Flechtmuster für die Knopflochleiste über alle Maschen 3 cm = 8 Reihen kraus rechts stricken, dabei nach 1,5 cm = 4 Reihen gleichmäßig verteilt drei Knopflöcher arbeiten: 2 Maschen rechts zusammenstricken, 1 Umschlag. Dann alle Maschen abketten.

Fertigstellung: Die Knopflochleiste über die ersten 3 cm des Kissens (= Knopfleiste) legen. Seitennähte schließen, dabei die beiden Leisten in den Nähten seitlich mitfassen. Knöpfe annähen.

STRICKSCHRIFT

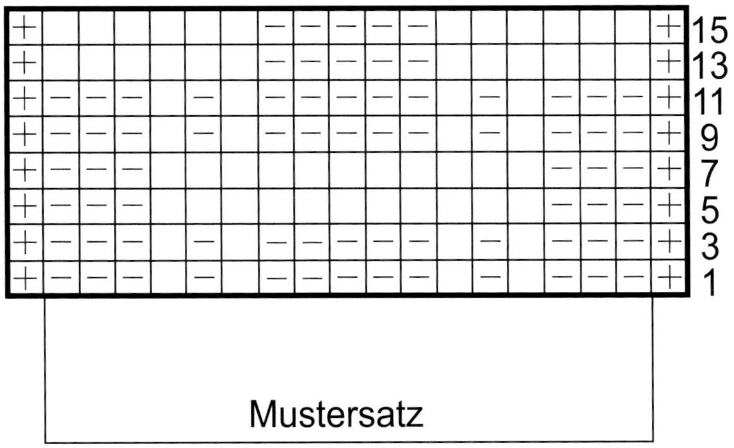

ZEICHENERKLÄRUNG

⊞ = Randmasche

□ = 1 Masche rechts

⊟ = 1 Masche links

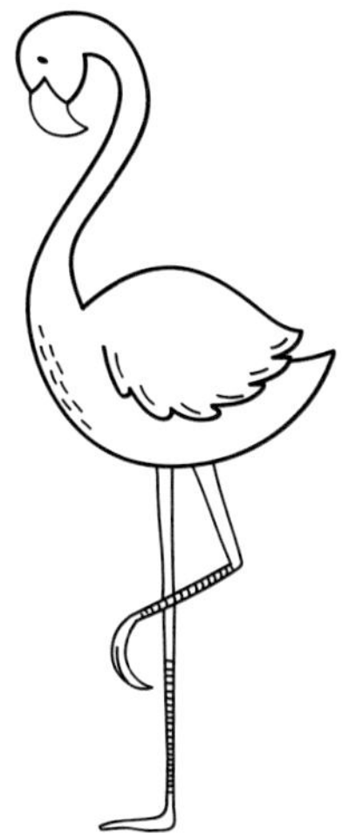

Naturweiß & Azurblau

Jacke, Body, Schuhe und Mütze

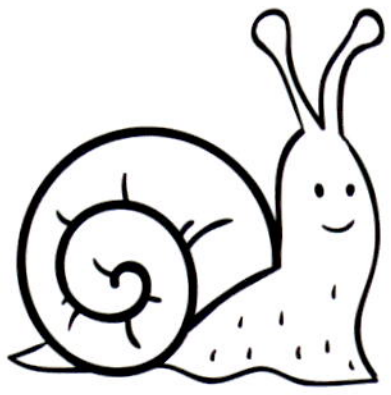

Jacke und Body: Größe 50/56, 62/68 und 74/80
Mütze: Kopfumfang 28–29 cm, 30–31 cm und 32–33 cm
Die Angaben für die größeren Größen stehen in Klammern.
Steht nur eine Angabe, so gilt diese für alle Größen.
Schwierigkeitsgrad ♡ ♡

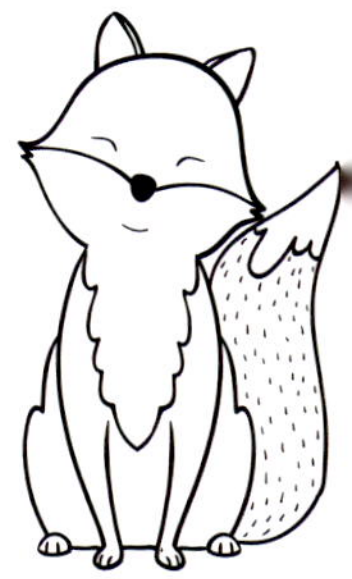

MATERIAL

- Lang Yarns »Baby Cotton« (100 % Baumwolle, Lauflänge 180 m/50 g): 150 g Natur, je 50 g Schlamm und Türkis
- Stricknadeln Nr. 3
- Rundstricknadel Nr. 2,5 und Nr. 3, je 40 cm lang
- Nadelspiel Nr. 3
- Sticknadel ohne Spitze
- 5 Knöpfe, ø 11 mm (für die Jacke)
- 2 Knöpfe, ø 15 mm (für den Body)

MUSTER

Rippenmuster: 1 Masche links, 1 Masche rechts im Wechsel stricken; in den Rückreihen die Maschen stricken, wie sie erscheinen.

Glatt rechts: In Hinreihen rechte Maschen, in Rückreihen linke Maschen stricken; in Runden stets rechte Maschen stricken.

Kraus rechts: In Hin- und Rückreihen rechte Maschen stricken; in Runden 1 Runde rechte Maschen, 1 Runde linke Maschen im Wechsel stricken.

Streifenfolge A (Body): 1 Reihe/Runde Schlamm, * 2 Reihen/Runden Türkis, 2 Reihen/Runden Schlamm, ab * stets wiederholen.

Streifenfolge B (Schuhe): * 2 Runden/Reihen Türkis, 2 Runden/Reihen Weiß, ab * 10x arbeiten, ** 2 Runden Türkis, 2 Runden Schlamm, ab ** 2x arbeiten, 2 Runden Türkis, restliche Runden in Schlamm stricken.

Muster- und Streifenfolge C (Mütze): * 4 Runden kraus rechts in Weiß, 4 Runden glatt rechts in Türkis, ab * stets wiederholen.

Betonte Abnahmen:
Am rechten Rand: Randmasche, 3 Maschen kraus rechts, 2 Maschen rechts zusammenstricken.
Am linken Rand: 2 Maschen rechts überzogen zusammenstricken (= 1 Masche wie zum Rechtsstricken abheben, 1 Masche rechts stricken, dann die abgehobene Masche überziehen), 3 Maschen kraus rechts, Randmasche.

MASCHENPROBE

Kraus rechts: 26,5 Maschen und 48 Reihen = 10 x 10 cm

So geht's

JACKE

Die Jacke von vorn nach hinten über die Schulter hinweg in einem Stück stricken.

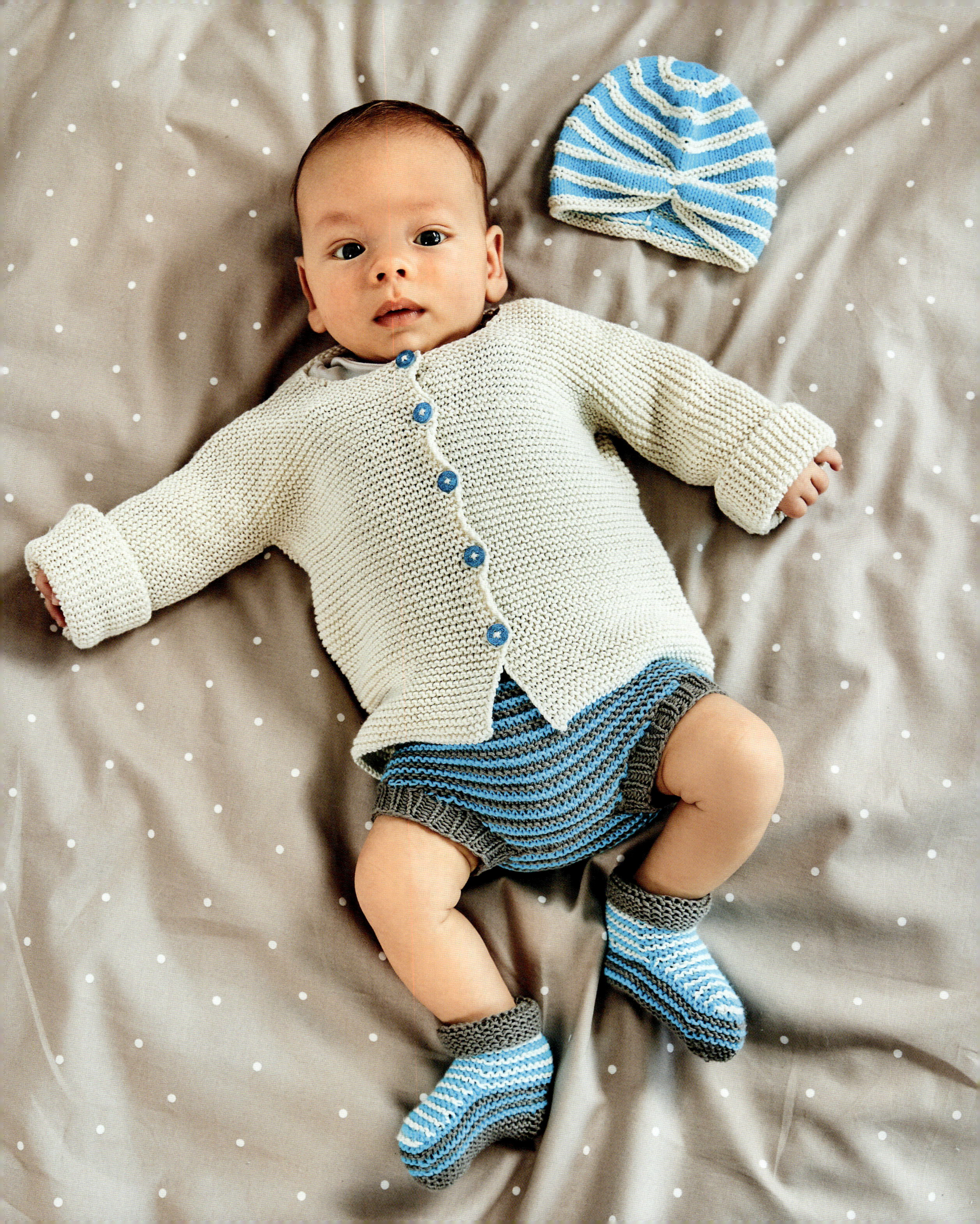

Mit dem **linken Vorderteil** beginnen: 36 (38/40) Maschen mit Nadeln Nr. 3 in Natur anschlagen und kraus rechts stricken, dabei mit 1 Rückreihe beginnen. In 18 (19/20) cm Gesamthöhe für den angestrickten Ärmel am rechten Rand 48 (52/56) Maschen dazu anschlagen = 84 (90/96) Maschen. In 23,5 (25,5/27,5) cm Gesamthöhe für den Halsausschnitt am linken Rand 1x 10 (12/14) Maschen und in jeder 2. Reihe 1x 2 Maschen und 2x je 1 Masche abketten = 70 (74/78) Maschen. In 26,5 (28,5/30,5) cm Gesamthöhe die restlichen 70 (74/80) Maschen stilllegen.

Das **rechte Vorderteil** gegengleich arbeiten und in 5,5 cm Gesamthöhe das erste Knopfloch arbeiten: die 3. und 4. Masche rechts zusammenstricken, 1 Umschlag. Die folgenden vier Knopflöcher mit einem Abstand von 4 (4,5/5) cm ebenso arbeiten.

Für das **Rückenteil** zuerst über die stillgelegten 70 (74/78) Maschen des linken Vorderteils stricken, dann für den Halsausschnitt 26 (30/32) Maschen dazu anschlagen und über die stillgelegten 70 (74/78) Maschen des rechten Vorderteils stricken = 166 (178/188) Maschen. In 35 (38/41) cm Gesamthöhe für die angestrickten Ärmel beidseitig 48 (52/56) Maschen abketten = 70 (74/76) Maschen. In 50 (54/58) cm Gesamthöhe die restlichen 70 (74/76) Maschen abketten.

Fertigstellung: Teil laut Schnitt spannen, anfeuchten und trocknen lassen. Ärmel- und Seitennähte schließen. Knöpfe annähen.

Hinweis: Die Ärmellänge durch Umschlagen anpassen.

BODY

Vorderteil: 19 (21/23) Maschen mit Nadeln Nr. 3 in Schlamm anschlagen und kraus rechts in der Streifenfolge A stricken, dabei mit 1 Rückreihe beginnen. Für die Beinausschnitte beidseitig in jeder 2. Reihe 3x (3x/2x) je 1 Masche, 4x je 2 Maschen, 2x (1x/2x) je 3 Maschen, 1x 4 Maschen und 0x (1x/1x) 5 Maschen dazu anschlagen = 61 (67/73) Maschen. Dann für die Seitenschrägen 2x in jeder 12. Reihe und 4x in jeder 10. Reihe (6x in jeder 12. Reihe/5x in jeder 14. Reihe und 1x in der folgenden 12. Reihe) je 1 Masche beidseitig abnehmen, dafür die 2. und 3. Masche bzw. die zweit- und drittletzte Masche rechts zusammenstricken = 49 (55/61) Maschen. In 22 (24/26,5) cm Gesamthöhe für die Armausschnitte in jeder 2. Reihe 6x (7x/8x) je 1 Masche beidseitig betont abnehmen = 37 (41/45) Maschen. In 24,5 (27,5/31) cm Gesamthöhe über alle Maschen in Schlamm 1 Hinreihe rechte Maschen stricken und dann im Rippenmuster weiterarbeiten. In 26 (29/32,5) cm Gesamthöhe zwei Knopflöcher wie folgt arbeiten: 3 Maschen Rippenmuster, 1 Umschlag, 2 Maschen rechts zusammenstricken, mittlere Maschen Rippenmuster, viert- und fünftletzte Masche rechts zusammenstricken, 1 Umschlag, 3 Maschen Rippen-

JACKE: ½ RÜCKEN- UND LINKES VORDERTEIL

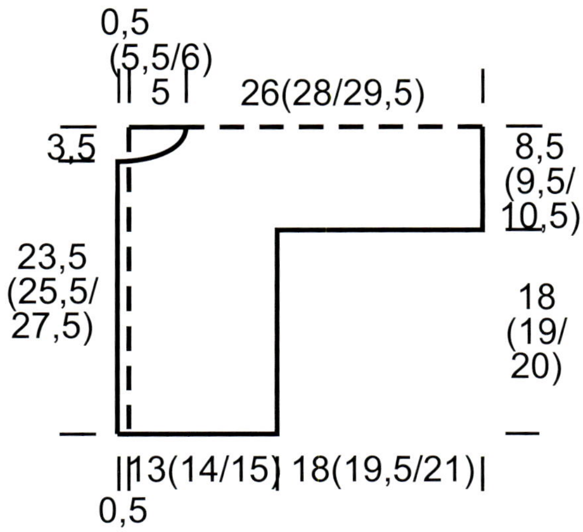

BODY: ½ RÜCKEN- UND VORDERTEIL

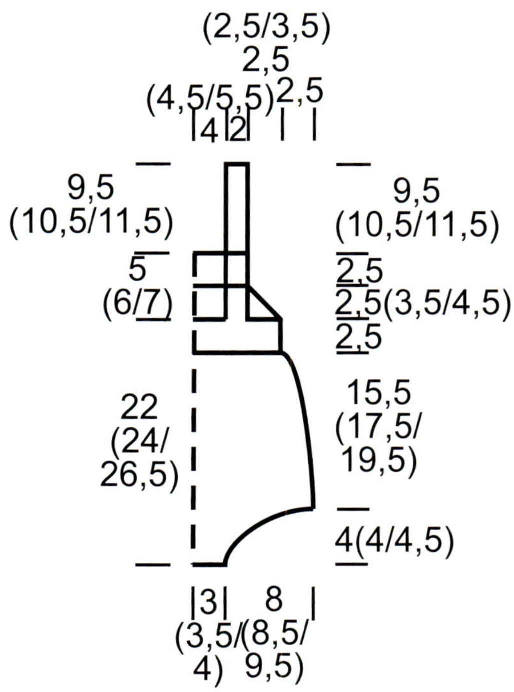

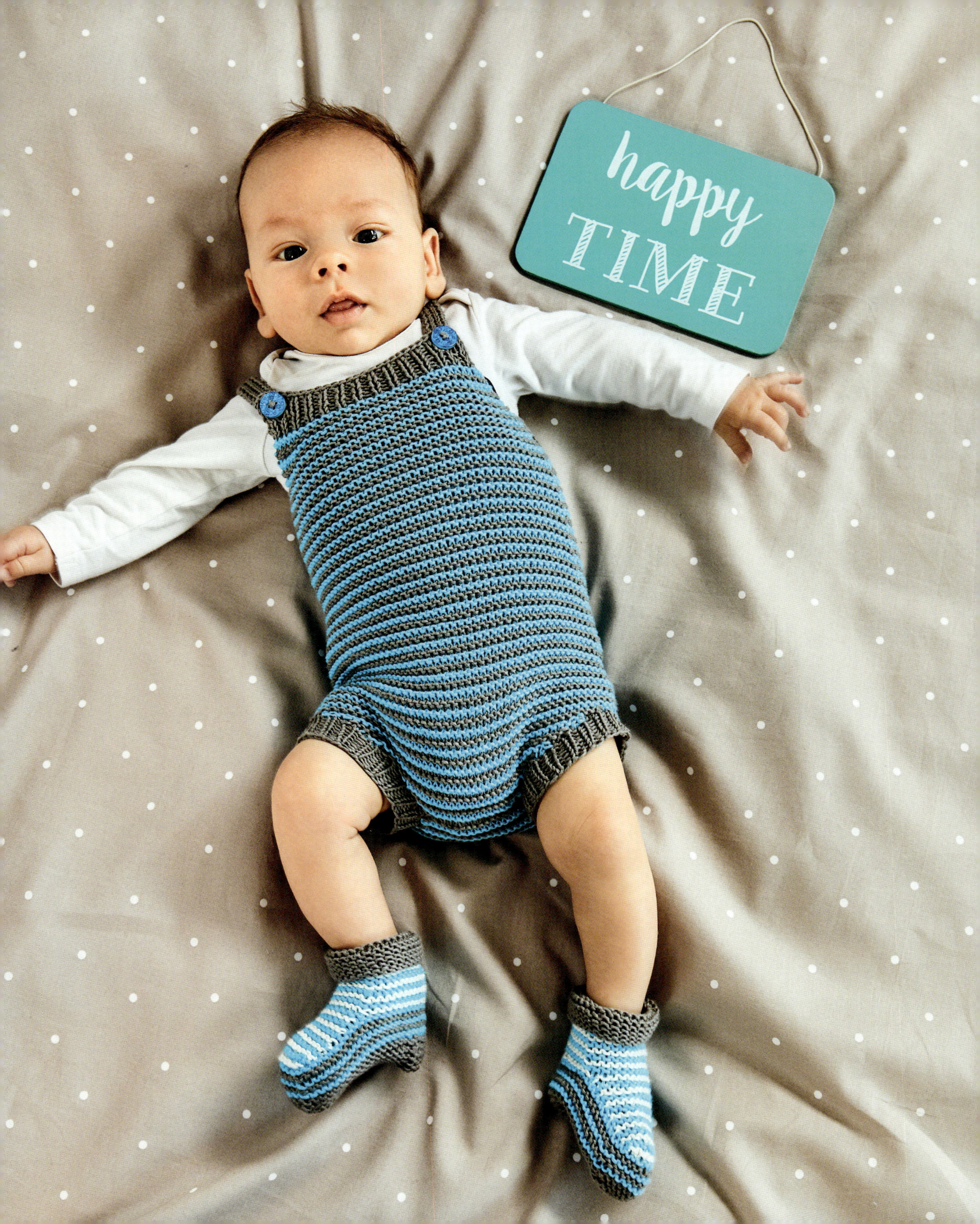
happy
TIME

muster. In 27 (30/33,5) cm Gesamthöhe die restlichen 37 (41/45) Maschen abketten.

Rückenteil: Wie das Vorderteil stricken, jedoch in 19,5 (21,5/24) cm Gesamthöhe in Schlamm 1 Hinreihe rechte Maschen stricken und dann im Rippenmuster weiterarbeiten. In 22 (24/26,5) cm Gesamthöhe für die Armausschnitte beidseitig 1x 6 (7/8) Maschen abketten und gleichzeitig für den Halsausschnitt die mittleren 25 (29/33) Maschen abketten und über die restlichen 6 Maschen für den Träger noch 14,5 (16,5/18,5) cm im Rippenmuster in Schlamm stricken. Die Maschen abketten. Den zweiten Träger ebenso stricken.

Fertigstellung: Seitennähte schließen. Blendenschmalseiten von Vorder- und Rückenteil schließen. Schrittnaht schließen. Aus den Beinausschnitten je 38 (42/46) Maschen mit dem Nadelspiel Nr. 3 in Schlamm auffassen und 3 cm im Rippenmuster stricken. Die Maschen im Maschenrhythmus abketten. Knöpfe annähen.

SCHUHE

Von oben nach unten in Runden stricken: 32 (36/40) Maschen mit Nadeln Nr. 3 in Schlamm anschlagen, die Maschen gleichmäßig auf vier Spielnadeln verteilen – 8 (9/10) Maschen pro Nadel. Den Rundenanfang markieren. In Runden kraus rechts stricken. Nach 20 Runden ab Anschlag in der Streifenfolge B weiterarbeiten. Nach 36 Runden ab Anschlag die ersten und letzten 11 (12/13) Maschen stilllegen und für den Rist über die mittleren 10 (12/14) Maschen in Reihen weiterarbeiten. Nach weiteren 20 Reihen 2x in jeder Hinreihe jeweils die ersten und letzten 2 Maschen rechts zusammenstricken = 6 (8/10) Maschen. Die Maschen stilllegen. Faden abschneiden. Nun für die Schuhwand kraus rechts in der Streifenfolge B weiterarbeiten, dafür über die stillgelegten ersten 11 (12/13) Maschen stricken, aus dem seitlichen Rand des Rists 13 (14/15) Maschen auffassen, die stillgelegten 6 (8/10) Maschen des Rists stricken, aus dem anderen seitlichen Rand des Rists 13 (14/15) Maschen auffassen und die letzten stillgelegten 11 (12/13) Maschen stricken = 54 (60/66) Maschen. Die Maschen auf vier Spielnadeln verteilen: die ersten und letzten 5 Maschen auf die 1. Nadel, die folgenden 17 (20/23) Maschen auf die 2. Nadel, die mittleren 10 Maschen auf die 3. Nadel und die folgenden 17 (20/23) Maschen auf die 4. Nadel. 12 Runden stricken, dann für die Sohle 4x in jeder 2. Runde (= Runde mit rechten Maschen) die ersten und letzten 2 Maschen der 1. und 3. Nadel rechts zusammenstricken = 38 (44/50) Maschen. Die restlichen 38 (44/50) Maschen auf 2 Nadeln verteilen, die Nadeln hintereinanderlegen und die Maschen im Maschenstich verbinden. Den zweiten Schuh ebenso arbeiten.

Fertigstellung: Den oberen Rand der Schuhe nach außen umschlagen.

MÜTZE

76 (80/84) Maschen mit Nadeln Nr. 3 in Weiß anschlagen, die Maschen gleichmäßig auf vier Spielnadeln verteilen – 19 (20/21) Maschen pro Nadel. In der Muster- und Streifenfolge stricken. In 9 (10/11) cm Gesamthöhe gleichmäßig verteilt 4 (0/4) Maschen abnehmen = 72 (80/80) Maschen. In der folgenden 4. Runde gleichmäßig verteilt 8 Maschen abnehmen = 64 (72/72) Maschen. Die weiteren Abnahmen 7x (8x/8x) in jeder 2. Runde über den gleichen Abnahmestellen ebenso arbeiten = 8 Maschen. Die restlichen 8 Maschen mit dem Faden zusammenziehen.

Fertigstellung: Für die Raffung gegenüber dem Rundenanfang die ersten 28 Runden der Muster- und Streifenfolge mit einem Faden in Weiß zusammenziehen.

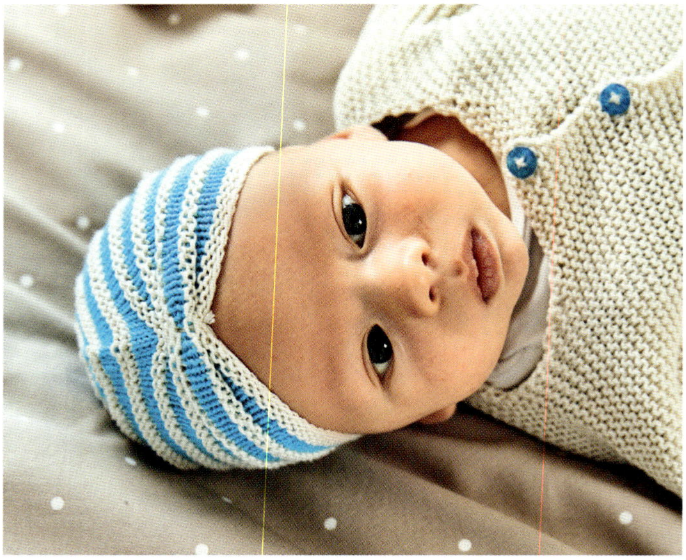

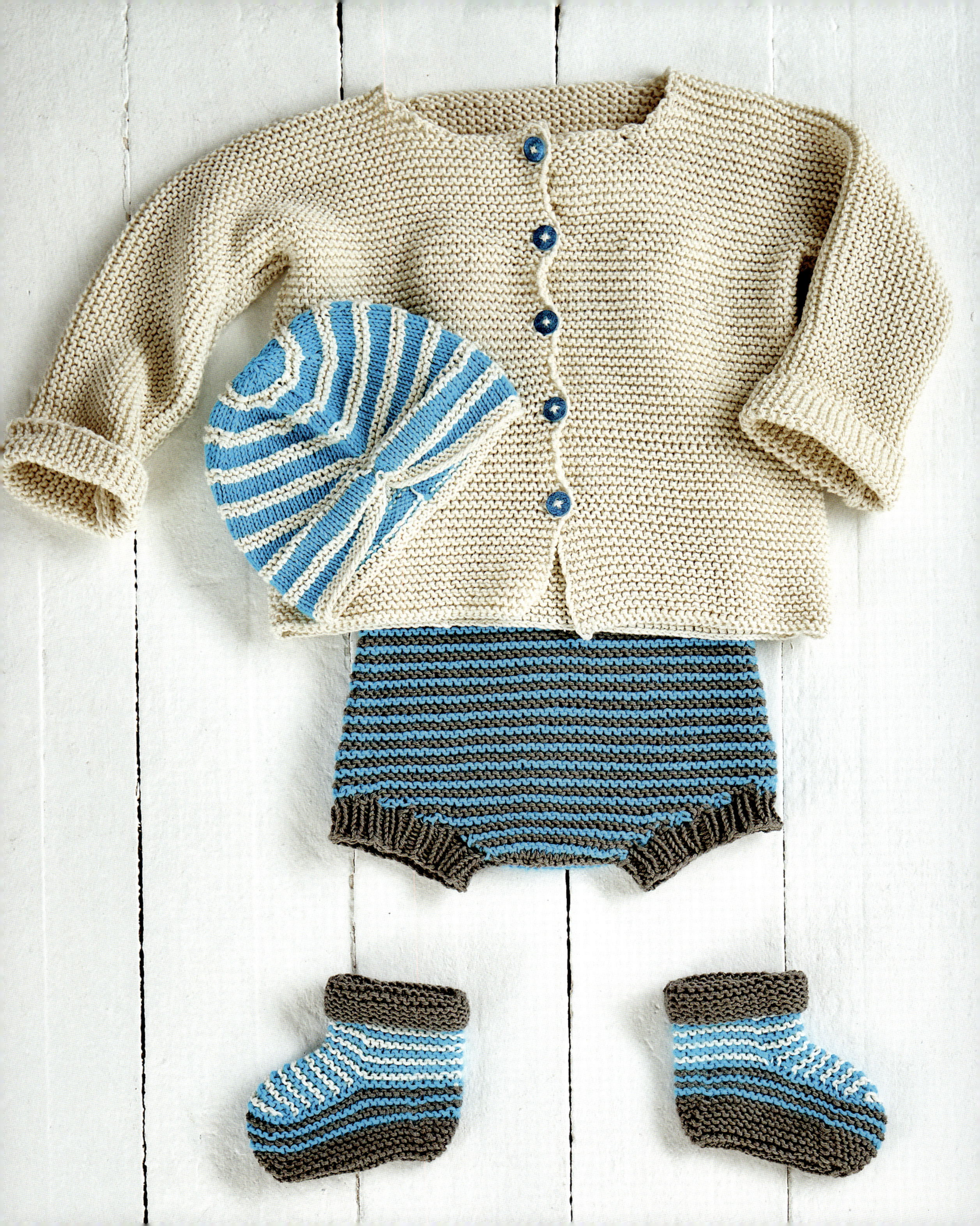

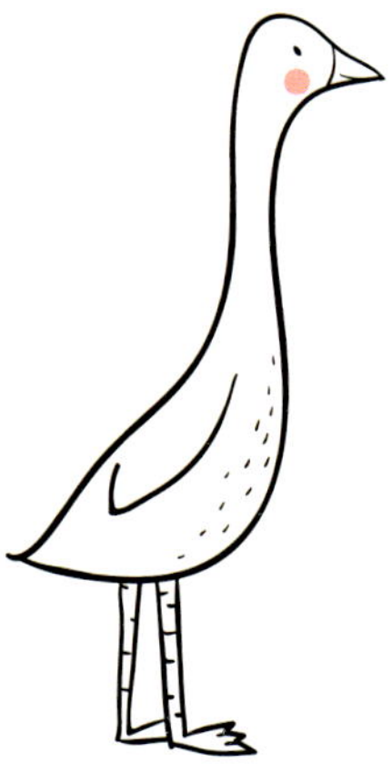

Lindgrün & Grège

Pulli und Hose

Größe 56/62, 68/74 und 80/86
Die Angaben für die größeren Größen stehen in Klammern.
Steht nur eine Angabe, so gilt diese für alle Größen.
Schwierigkeitsgrad ♡ ♡

MATERIAL

- Lana Grossa »Solo Lino« (80 % recyceltes Leinen, 20 % Leinen, Lauflänge 120 m/50 g): 150 (150/250) g Resedagrün und 100 (100/150) g Grège
- Stricknadeln Nr. 3,5
- Nadelspiel Nr. 3,5

MUSTER

Kraus rechts: In Hin- und Rückreihen rechte Maschen stricken.

Glatt rechts: In Hinreihen rechte Maschen, in Rückreihen linke Maschen stricken.

Farbfolge (Pulli): 12 (13/14) cm in Resedagrün, 2 Reihen in Grège, 4 Reihen in Resedagrün, 7,5 (8,5/9,5) cm in Grège, 2 Reihen in Resedagrün, 4 Reihen in Grège (dazwischen liegt der Halsausschnitt), 2 Reihen in Resedagrün, 7,5 (8,5/9,5) cm in Grège, 4 Reihen in Resedagrün, 2 Reihen in Grège, 12 (13/14) cm in Resedagrün.

Rippenmuster (Hose): Randmasche, * 1 Masche rechts, 2 Maschen links, 1 Masche rechts, ab * stets wiederholen, Randmasche. In den Rückreihen die Maschen stricken, wie sie erscheinen.

Verkürzte Reihen mit Umschlägen: In der Hinreihe bis zu den Maschen stricken, die stillgelegt werden sollen. Die Arbeit wenden. Einen Umschlag auf die Nadel nehmen, auf der auch die stillgelegten Maschen liegen. Die (Rück-)Reihe zurückstricken, dabei den Umschlag fest anziehen. Wenn wieder über alle Maschen gestrickt wird, bis zum Umschlag stricken, dann den Umschlag und die folgende Masche rechts zusammenstricken.

MASCHENPROBE

Kraus rechts: 24 Maschen und 46 Reihen = 10 x 10 cm

So geht's

PULLI

Vorder- und Rückenteil in einem Stück stricken: 57 (62/67) Maschen in Resedagrün anschlagen und kraus rechts in der Farbfolge stricken, dabei mit einer Rückreihe beginnen. Nach 13 (14/15) cm ab Anschlag = nach 2 Reihen in Resedagrün für die Ärmel beidseitig je 37 (42/47) Maschen durch Aufstricken dazu anschlagen (= * mit der rechten Nadel in die 1. Masche der linken Nadel einstechen, Schlinge durchholen und auf die linke Nadel legen, ab * stets wiederholen) = 131 (146/161) Maschen. Nach 21,5 (23,5/25,5) cm ab Anschlag = in der 2. grègefarbenen Reihe (= Rückreihe) für den Halsausschnitt die mittleren 39 (42/45) Maschen abketten. In der folgenden Reihe in der Mitte wieder 39 (42/45) Maschen anschlagen. Nach 8,5

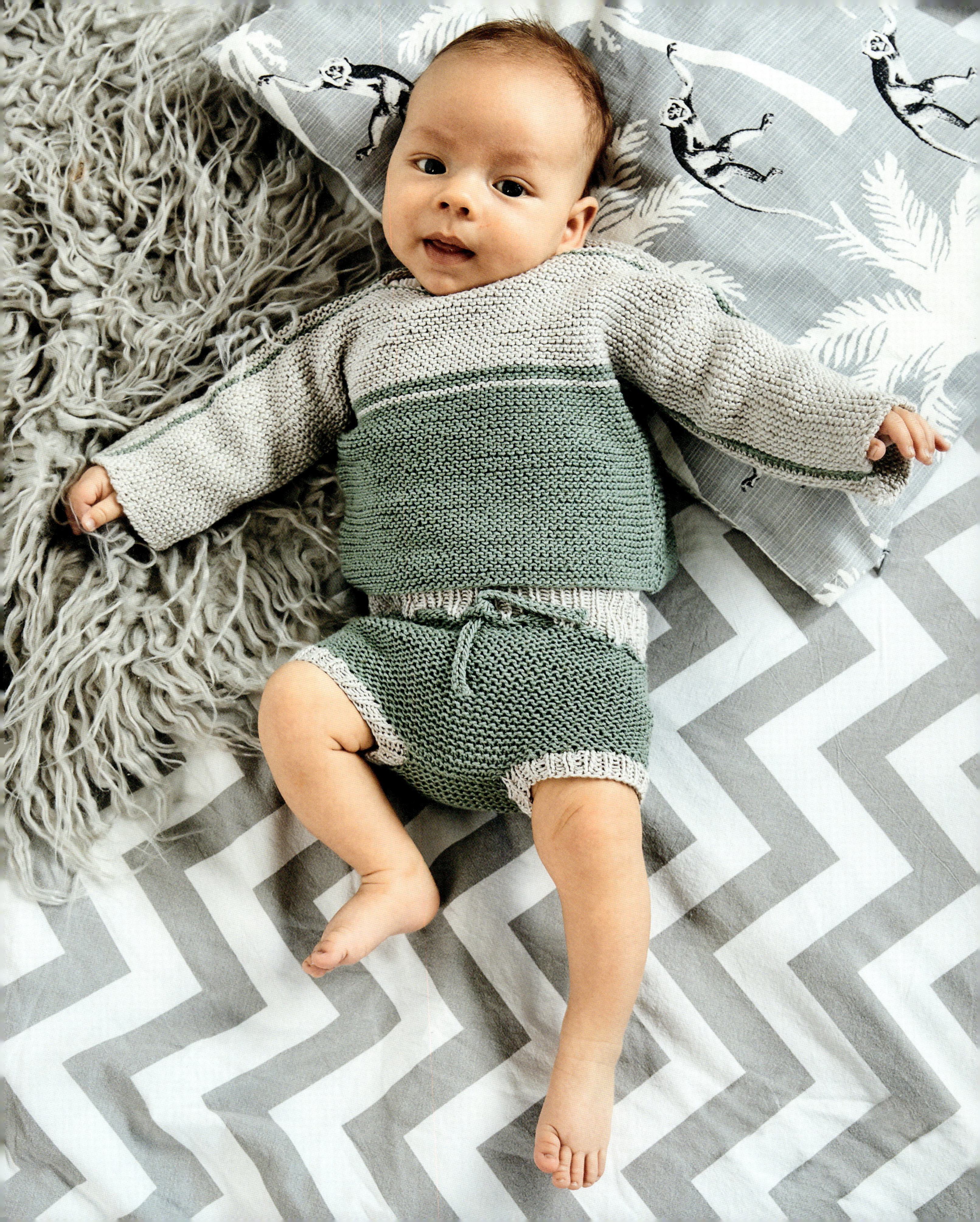

(9,5/10,5) cm ab Halsausschnitt = nach 2 Reihen in Resedagrün beidseitig die je 37 (42/47) Maschen der Ärmel abketten = 57 (62/67) Maschen. Nach 21,5 (23,5/25,5) cm ab Halsausschnitt alle Maschen abketten.

Fertigstellung: Seiten- und Ärmelnähte schließen. Nach Belieben die Ärmel einige Zentimeter umschlagen.

HOSE

Rückwärtiges Hosenteil: Für den Zwickel 14 (16/18) Maschen in Resedagrün anschlagen und kraus rechts stricken, dabei mit 1 Rückreihe beginnen. Für die Beinausschnitte beidseitig in jeder 2. Reihe 4x je 3 Maschen und 1x 4 (5/6) Maschen dazu anschlagen = 46 (50/54) Maschen. Nach 11,5 (13,5/15,5) cm ab Anschlag in verkürzten Reihen stricken. Dafür beidseitig 5x je 3 Maschen stilllegen und mit 1 Umschlag wenden. Danach 2 Reihen glatt rechts über alle 46 (50/54) Maschen stricken, dabei in der 1. Reihe die ersten 5 Umschläge jeweils mit der Masche davor und die letzten 5 Umschläge jeweils mit der Masche danach rechts zusammenstricken. Außerdem in der 2. Reihe = Rückreihe für die Kordeldurchzugslöcher wie folgt stricken: Randmasche, 2 (1/0) Maschen rechts, * 1 Umschlag, 2 Maschen rechts zusammenstricken, 1 Masche rechts, ab * stets wiederholen, Randmasche (ab * stets wiederholen, 1 Umschlag, 2 Maschen rechts zusammenstricken, Randmasche/ab * stets wiederholen, Randmasche). Danach für den Bund im Rippenmuster weiterstricken. Nach 4 cm Bundhöhe alle Maschen abketten.

Vorderes Hosenteil: Wie das rückwärtige Hosenteil stricken, jedoch nach 11,5 (13,5/15,5) cm ab Anschlag keine verkürzten Reihen arbeiten, sondern 2 Reihen glatt rechts stricken, dabei in der 2. Reihe = Rückreihe für die Kordeldurchzugslöcher wie folgt stricken: Randmasche, 2 (1/0) Maschen rechts, * 1 Umschlag, 2 Maschen rechts zusammenstricken, 1 Masche rechts, ab * stets wiederholen, Randmasche (ab * stets wiederholen, 1 Umschlag, 2 Maschen rechts zusammenstricken, Randmasche/ab * stets wiederholen, Randmasche). Danach für den Bund im Rippenmuster weiterstricken. Nach 4 cm Bundhöhe alle Maschen abketten.

Fertigstellung: Seitennähte und Zwickelnähte schließen. Für die Blenden aus den Beinausschnitten je 36 (38/40) Maschen in Ecru mit dem Nadelspiel auffassen – 9 Maschen pro Nadel (9-8-9-8 Maschen/10 Maschen pro Nadel) – und 1,5 cm im Rippenmuster stricken. Alle Maschen abketten. Für die Kordel 130 Maschen in Resedagrün anschlagen und in der folgenden Reihe alle Maschen abketten. Die Kordel durch die Löcher ziehen, dabei in der vorderen Mitte beginnen und enden.

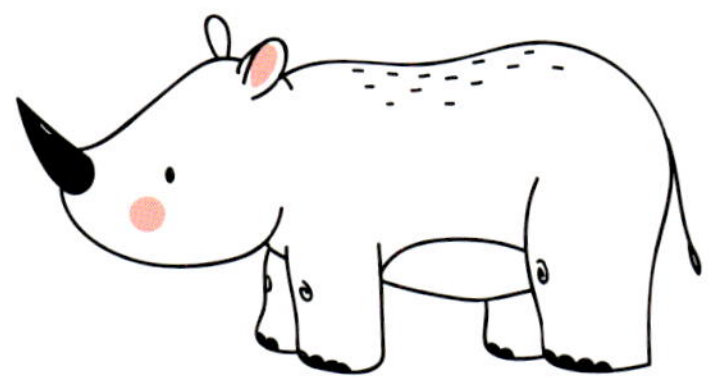

½ VORDER- UND RÜCKENTEIL

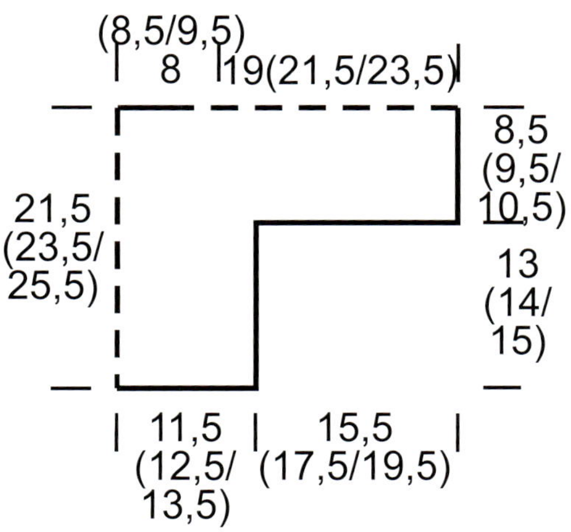

½ VORDERE HOSE

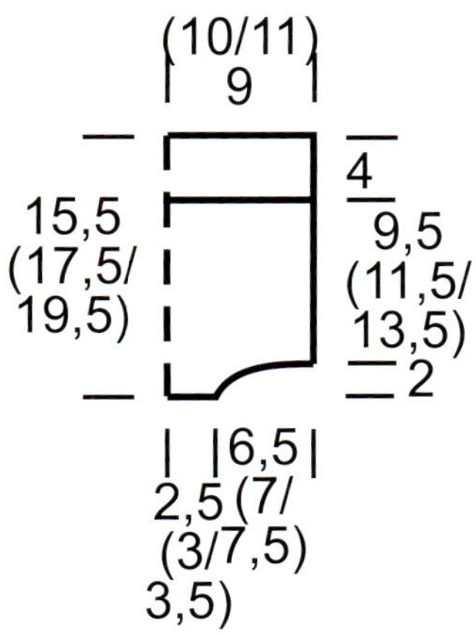

½ RÜCKWÄRTIGE HOSE

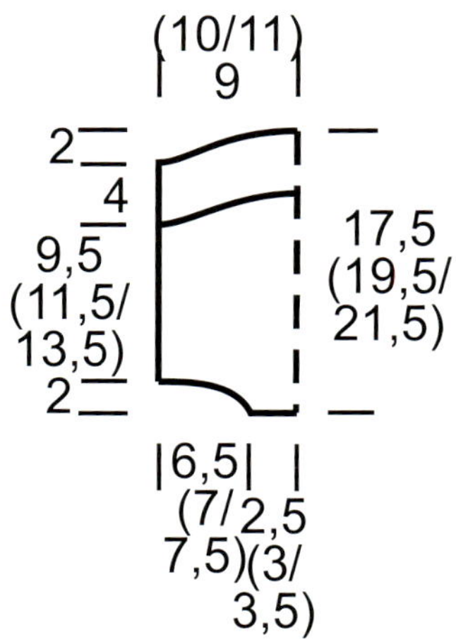

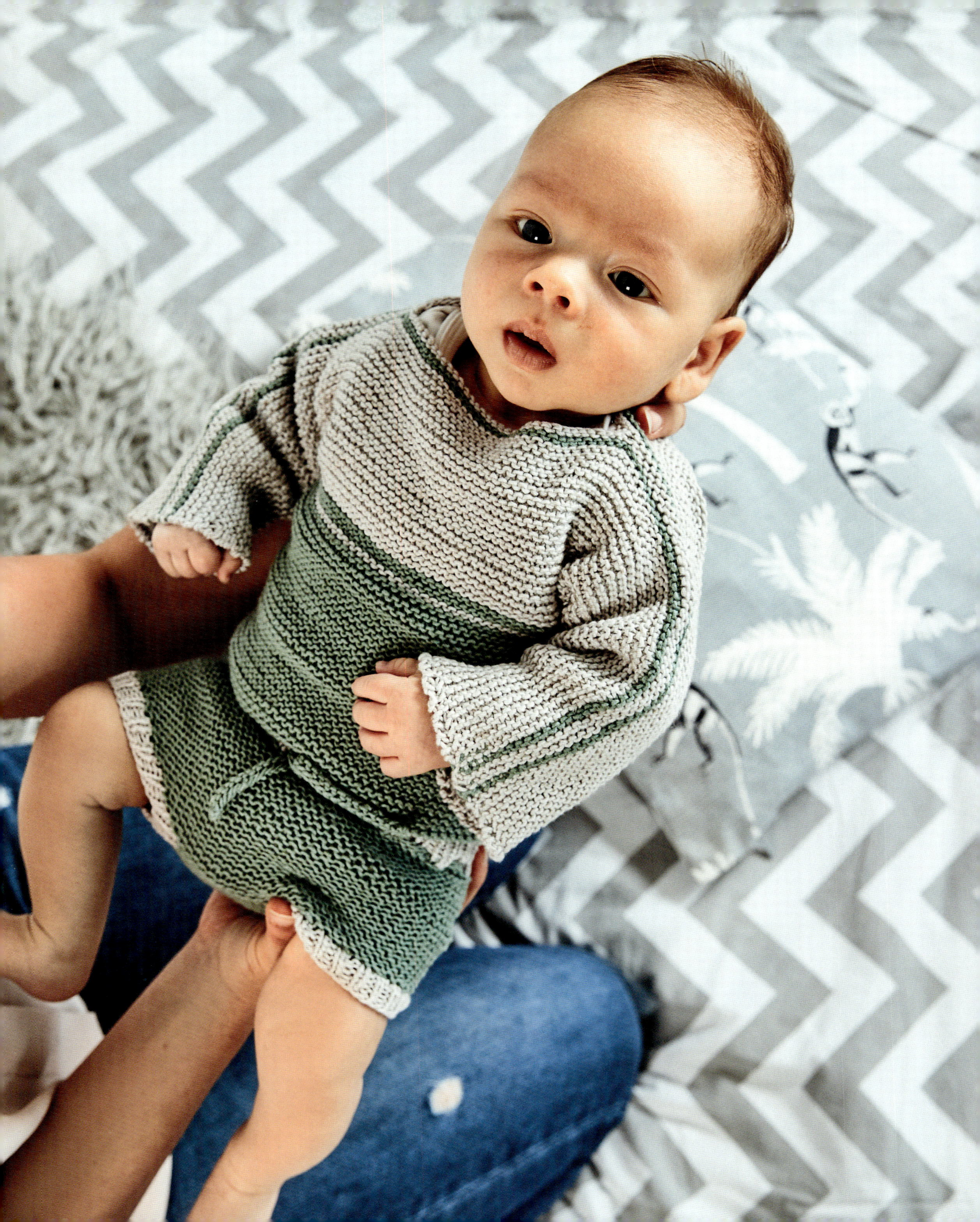

Altrosa & Camel

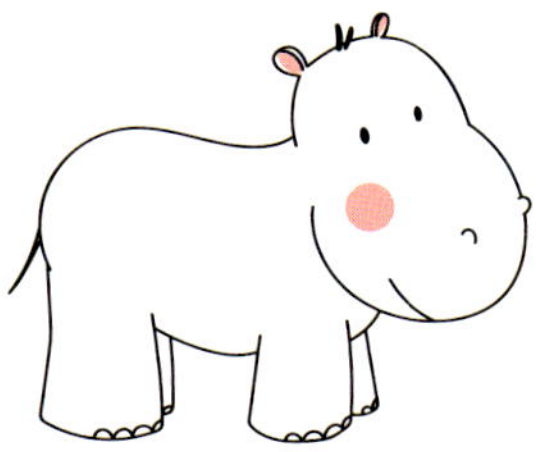

Mantel

Größe 62/68, 74/80 und 86/92
Die Angaben für die größeren Größen stehen in Klammern.
Steht nur eine Angabe, so gilt diese für alle Größen.
Schwierigkeitsgrad ♡ ♡

MATERIAL

- Buttinette »Woll Butt Innsbruck« (80 % Schurwolle, 20 % Polyacryl, Lauflänge 125 m/50 g): 150 (200/200) g Camel und 50 g Altrosa
- Stricknadeln Nr. 4,5
- Rundstricknadel Nr. 4,5
- Häkelnadel Nr. 4
- 6 Knöpfe in Rosa, ø 15 mm

MUSTER

Kraus rechts: In Hin- und Rückreihen rechte Maschen stricken.

Knötchenrand:
Linkes Vorderteil: In Hinreihen die letzte Masche rechts stricken, in Rückreihen die 1. Masche rechts abheben.
Rechtes Vorderteil: In Hinreihen die 1. Masche rechts abheben, in Rückreihen die letzte Masche rechts stricken.

MASCHENPROBE

Kraus rechts: 18,5 Maschen und 40 Reihen = 10 x 10 cm

So geht's

MANTEL

Rückenteil: 63 (67/70) Maschen in Altrosa anschlagen und kraus rechts stricken, dabei mit 1 Rückreihe beginnen. Nach 6 cm in Camel weiterarbeiten. Für den Halsausschnitt nach 30 (33/36) cm ab Anschlag die mittleren 25 (25/26) Maschen abketten und beide Seiten getrennt beenden. Für die Rundung am inneren Rand in jeder 2. Reihe 1x 2 Maschen und 1x 1 Masche abketten. Nach 32 (35/38) cm ab Anschlag die restlichen 16 (18/19) Schultermaschen abketten. Die andere Seite gegengleich beenden.

Linkes Vorderteil: 40 (42/44) Maschen in Altrosa anschlagen und kraus rechts stricken, dabei mit 1 Rückreihe beginnen und am linken Rand einen Knötchenrand arbeiten. Nach 6 cm in Camel weiterstricken. Für den Halsausschnitt nach 24 (27/30) cm ab Anschlag am linken Rand 14 (14/15) Maschen abketten und für die Rundung in jeder 2. Reihe 1x 3 Maschen, 1x 2 Maschen und 5x je 1 Masche abketten. Nach 32 (35) 38 cm ab Anschlag die restlichen 16 (18/19) Schultermaschen abketten.

Rechtes Vorderteil: Gegengleich arbeiten und für den Tascheneingriff nach 6 cm ab Anschlag = in der letzten altrosafarbenen Reihe 8 (9/10) Maschen stricken, 11 Maschen abketten und die restlichen 21 (22/23) Maschen stricken.

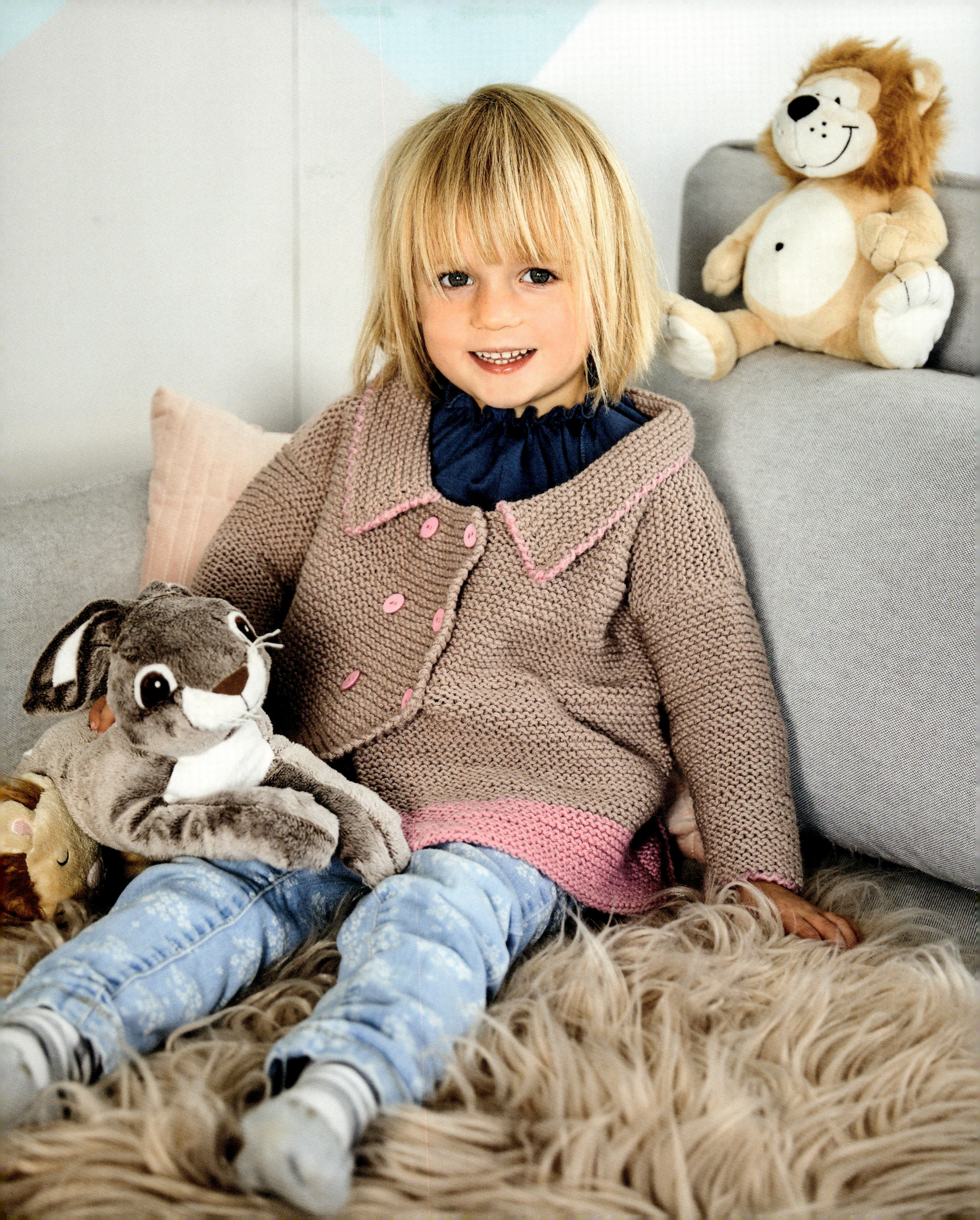

Das Teil stilllegen. Für den Taschenbeutel 13 Maschen anschlagen und 5 cm glatt rechts stricken, dann beidseitig die Randmasche über die danebenliegende Masche ziehen. Die restlichen 11 Maschen anstelle der abgeketteten Maschen einfügen und über alle Maschen in Camel weiterarbeiten. Außerdem nach 10,5 (13,5) 16,5 cm ab Anschlag wie folgt sechs Knopflöcher arbeiten: Für das erste Knopflochpaar 2 Maschen stricken, 2 Maschen rechts zusammenstricken, 1 Umschlag, 8 Maschen stricken, 2 Maschen rechts zusammenstricken, 1 Umschlag, restliche Maschen stricken. Die folgenden beiden Knopflochpaare nach je 6 cm ebenso arbeiten.

Ärmel: 26 (28/30) Maschen in Camel anschlagen und kraus rechts stricken. Für die Ärmelschrägungen beidseitig 4x abwechselnd in jeder 12. und 14. Reihe (5x in jeder 12. Reihe/5x in jeder 12. Reihe und 1x in der folgenden 10. Reihe) je 1 Masche zunehmen = 34 (38/42) Maschen. Nach 16 (18/20) cm ab Anschlag alle Maschen abketten. Den zweiten Ärmel ebenso stricken.

Fertigstellung: Teile laut Schnitt spannen, anfeuchten und trocknen lassen. Schulternähte schließen. Für den Kragen in Camel aus dem Halsausschnittrand des rechten Vorderteils 29 Maschen, aus dem rückwärtigen Ausschnittrand 38 Maschen und aus dem Ausschnittrand des linken Vorderteils 29 Maschen = 96 Maschen von innen mit der Rundstricknadel auffassen, dabei nach 14 Maschen ab vorderem Rand beginnen und 14 Maschen vor dem anderen vorderen Rand enden. Kraus rechts stricken, dabei beidseitig einen Knötchenrand arbeiten. Zur Formgebung beidseitig 5x in jeder 4. Reihe je 1 Masche zunehmen (= nach der 2. bzw. zweitletzten Masche 1 Masche rechts verschränkt aus dem Querfaden herausstricken). Nach 5,5 cm Kragenhöhe alle Maschen abketten. Den Kragen (auch die Schmalseiten, jedoch nicht den vorderen Halsausschnitt) mit 1 Reihe Krebsmaschen (= feste Maschen von links nach rechts) in Altrosa umhäkeln, dabei locker häkeln und nur in jede 2. Reihe bzw. alle eineinhalb Maschen eine Krebsmasche häkeln. Ärmel einsetzen. Seiten- und Ärmelnähte schließen. Die unteren Ärmelränder mit 1 Runde Krebsmaschen in Altrosa wie den Kragen umhäkeln. Taschenbeutel annähen. Knöpfe annähen.

½ RÜCKEN- UND LINKES VORDERTEIL

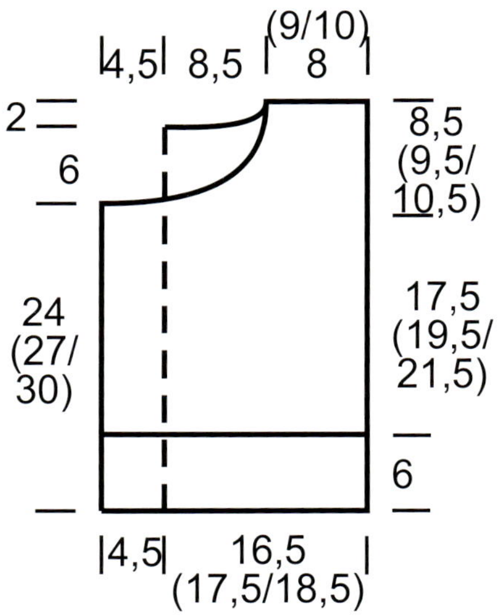

½ ÄRMEL

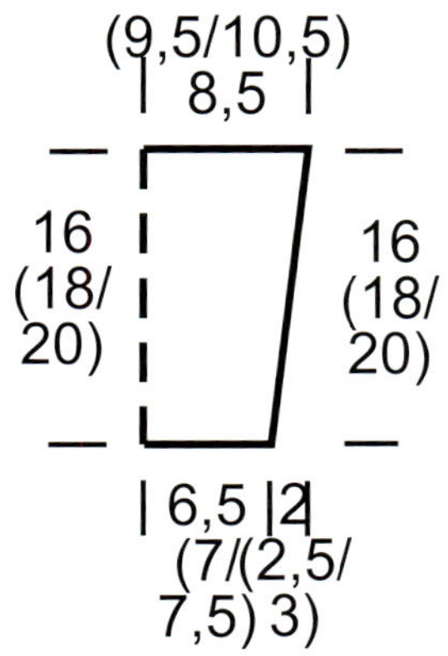

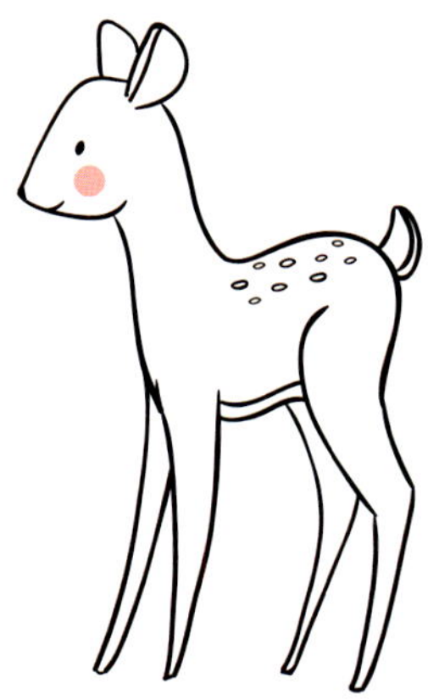

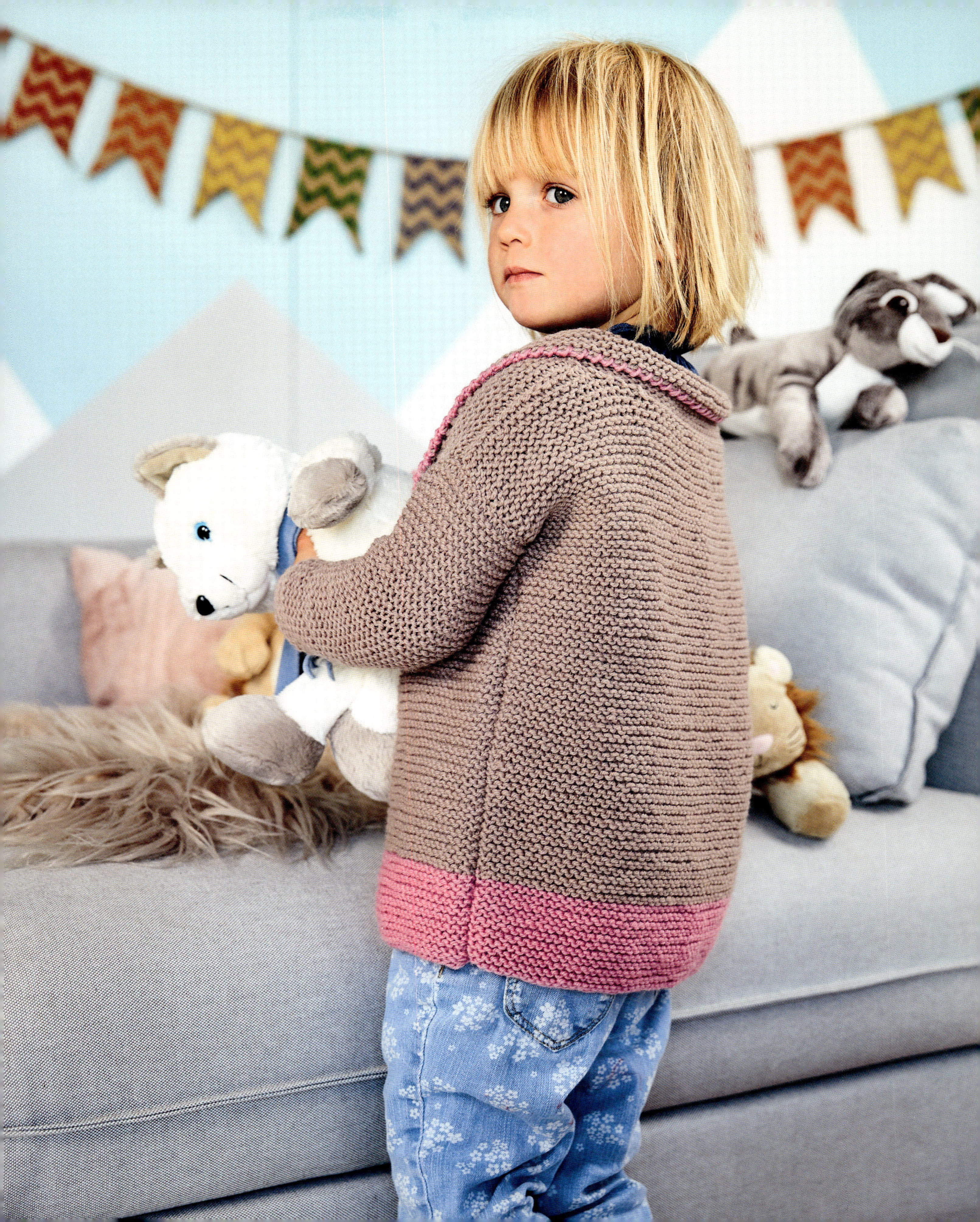

Jeansblau & Hellgrau

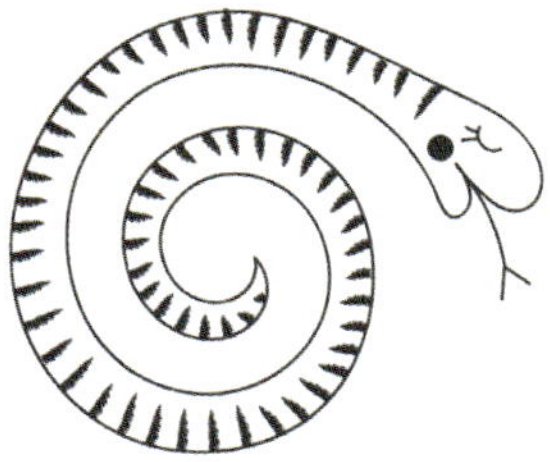

Wickeljacke und Strampler

Größe 56/62, 68/74 und 80/86
Die Angaben für die größeren Größen stehen in Klammern.
Steht nur eine Angabe, so gilt diese für alle Größen.
Schwierigkeitsgrad ♡ ♡

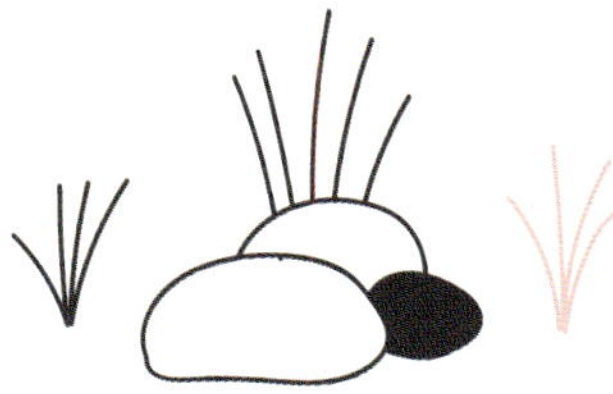

MATERIAL

- Lana Grossa »Baby Soft« (60 % Polyamid, 40 % Baumwolle, Lauflänge 150 m/50 g): je 100 (150/150) g Jeans und Blassgrau
- Stricknadeln Nr. 5
- Rundstricknadel Nr. 5
- 6 Knöpfe in Weiß, ø 15 mm

MUSTER

Kraus rechts: In Hin- und Rückreihen rechte Maschen stricken, in Runden 1 Runde rechte Maschen, 1 Runde linke Maschen im Wechsel stricken.

Glatt rechts: In Hinreihen rechte Maschen, in Rückreihen linke Maschen stricken.

Streifenfolge: 1 Reihe Jeans, * 2 Reihen Blassgrau, 2 Reihen Jeans, ab * stets wiederholen.

Betonte Abnahmen (Wickeljacke):
Am rechten Rand: Die 4. und 5. Masche rechts überzogen zusammenstricken (= 1 Masche wie zum Rechtsstricken abheben, 1 Masche rechts stricken, dann die abgehobene Masche überziehen), 1 Umschlag.
Am linken Rand: 1 Umschlag, die viert- und fünftletzte Masche rechts zusammenstricken.

Betonte Abnahmen (Strampler):
Am rechten Rand: Die 7. und 8. Masche rechts überzogen zusammenstricken (= 1 Masche wie zum Rechtsstricken abheben, 1 Masche rechts stricken, dann die abgehobene Masche überziehen), 1 Umschlag.
Am linken Rand: 1 Umschlag, die acht- und siebtletzte Masche rechts zusammenstricken.

Knötchenrand: Die 1. Masche jeder Reihe wie zum Rechtsstricken abheben, die letzte Masche jeder Reihe rechts stricken.

MASCHENPROBE

Kraus rechts: 15 Maschen und 30 Reihen/Runden = 10 x 10 cm

So geht's

WICKELJACKE

Rückenteil: 38 (41/44) Maschen in Jeans anschlagen und kraus rechts stricken, dabei mit 1 Rückreihe beginnen. Nach 11 (13/15) cm Gesamthöhe für die Ärmel beidseitig je 24 (26/28) Maschen dazu anschlagen = 86 (93/100) Maschen. Nach 17,5 (20/22,5) cm Gesamthöhe für den Halsausschnitt die mittleren 8 (9/10) Maschen abketten und beide Seiten getrennt beenden. Für die Rundung am

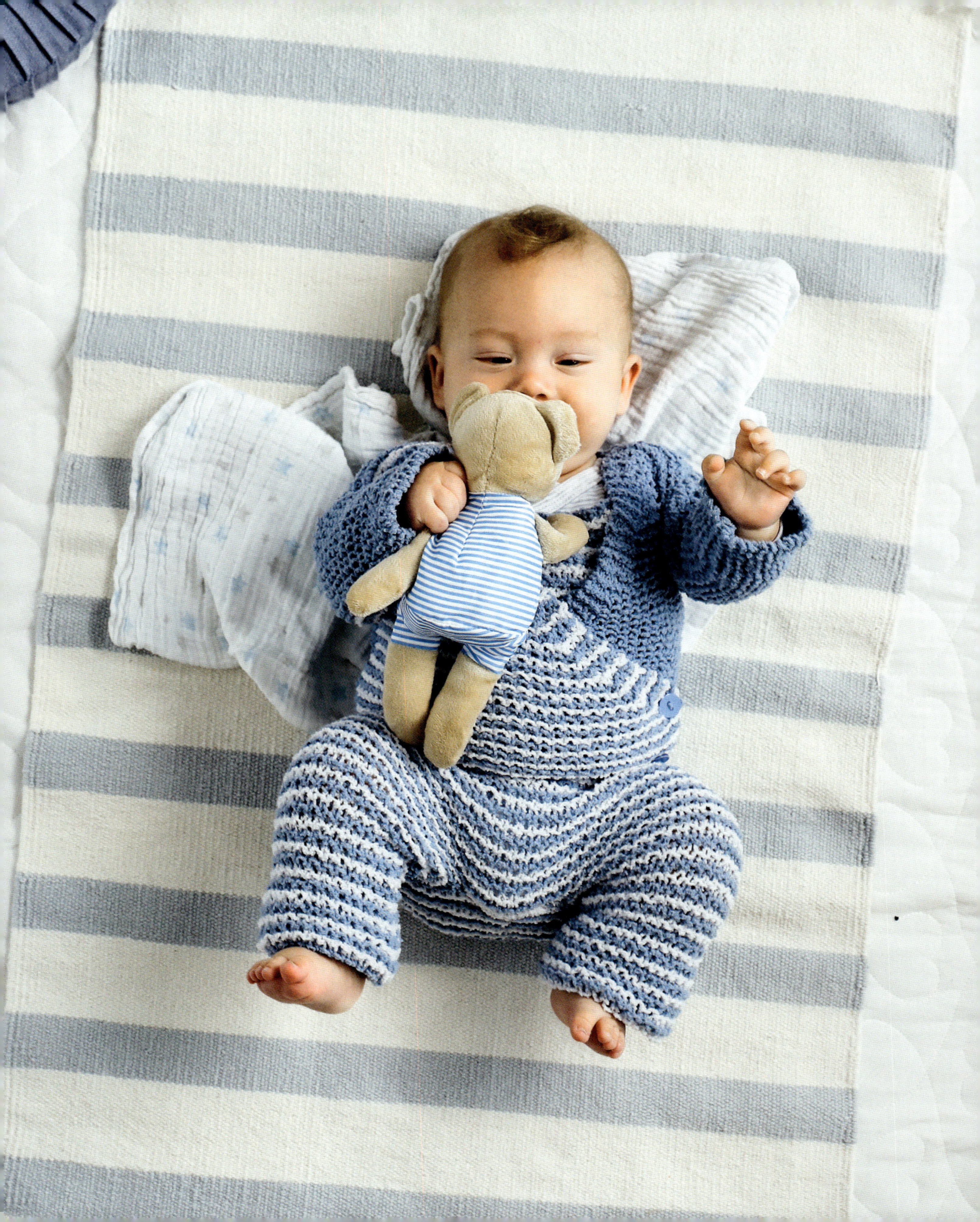

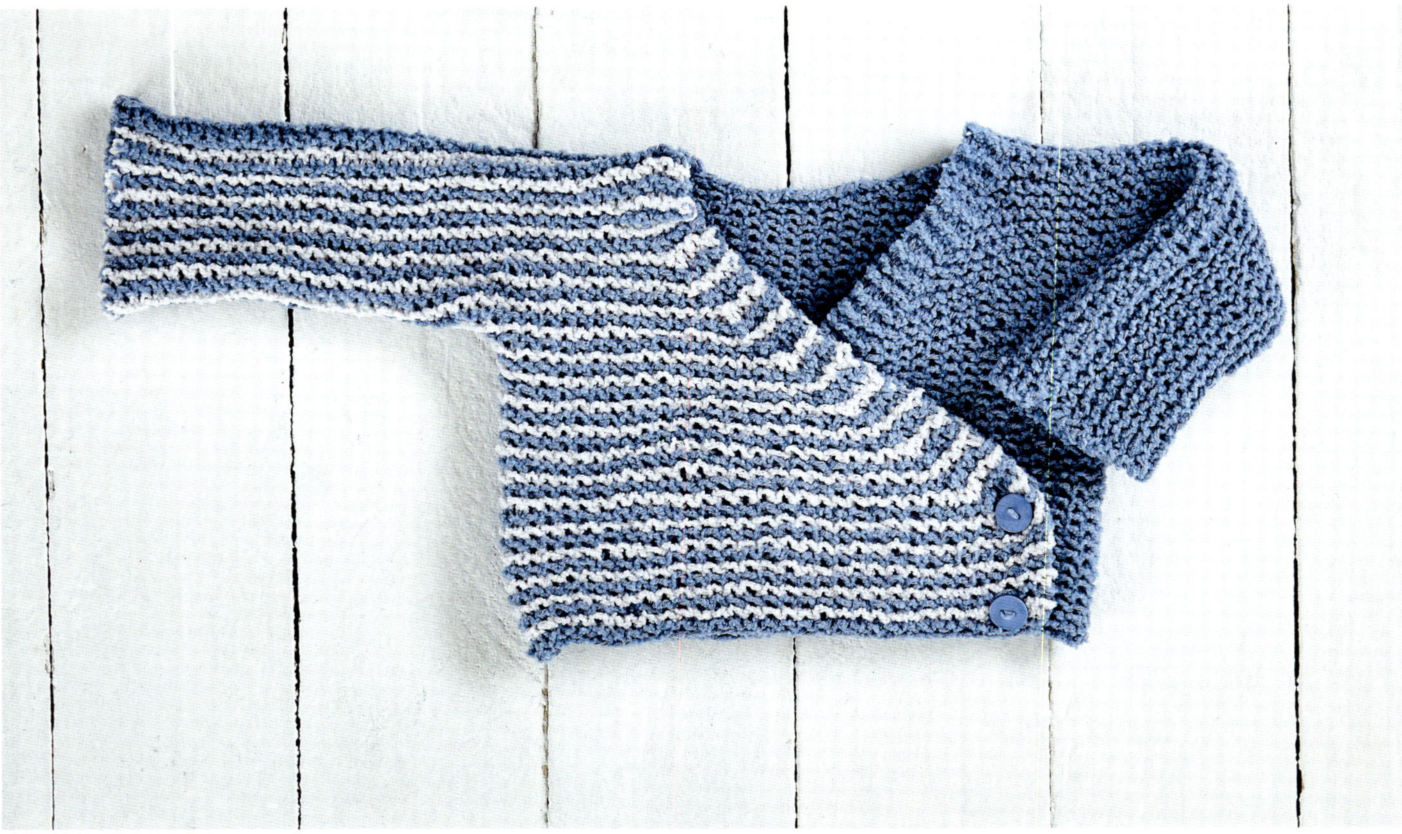

inneren Rand in der folgenden 2. Reihe 1x 2 Maschen abketten. Die restlichen 37 (40/43) Maschen nach 19 (21,5/24) cm Gesamthöhe abketten.

Linkes Vorderteil: 33 (36/39) Maschen in Jeans anschlagen und kraus rechts stricken, dabei mit 1 Rückreihe beginnen und am linken Rand (vordere Kante) einen Knötchenrand arbeiten. In der 2. Reihe für das erste Knopfloch vor der viertletzten Masche 1 Umschlag arbeiten und die folgenden 2 Maschen rechts zusammenstricken. Das zweite Knopfloch in der folgenden 10. Reihe ebenso arbeiten. Nach 5,5 cm Gesamthöhe für die Ausschnittschrägung am linken Rand 1x 1 Masche betont abnehmen. Diese Abnahmen noch 19x (21x/23x) in jeder 2. Reihe ebenso arbeiten. Nach 11 (13/15) cm Gesamthöhe für den Ärmel am rechten Rand 24 (26/28) Maschen dazu anschlagen. Nach 19 (21,5/24) cm Gesamthöhe die restlichen 37 (40/43) Maschen abketten.

Rechtes Vorderteil: 33 (36/39) Maschen in Jeans anschlagen und kraus rechts in der Streifenfolge stricken, dabei mit 1 Rückreihe beginnen und am rechten Rand (vordere Kante) einen Knötchenrand arbeiten. In der 2. Reihe für das erste Knopfloch die 3. und 4. Masche rechts zusammenstricken und 1 Umschlag arbeiten. Das zweite Knopfloch in der folgenden 10. Reihe ebenso arbeiten. Nach 5,5 cm Gesamthöhe für die Ausschnittschrägung am rechten Rand 1x 1 Masche betont abnehmen. Diese Abnahmen noch 19x (21x/23x) in jeder 2. Reihe ebenso arbeiten. Nach 11 (13/15) cm Gesamthöhe für den Ärmel am linken Rand 24 (26/28) Maschen dazu anschlagen. Nach 19 (21,5/24) cm Gesamthöhe die restlichen 37 (40/43) Maschen abketten.

Fertigstellung: Schulternähte schließen. Seiten- und Ärmelnähte schließen. Knöpfe annähen.

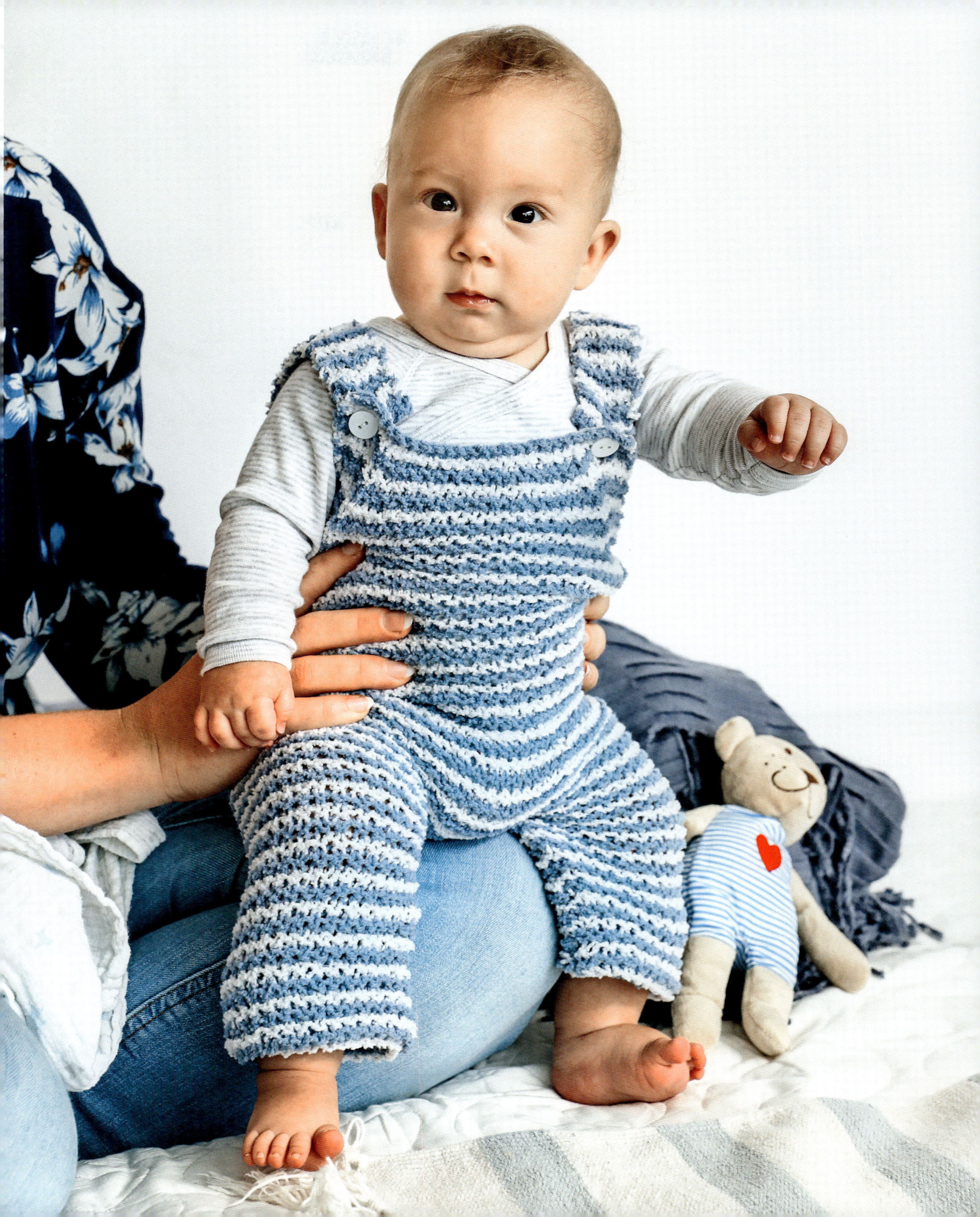

STRAMPLER

Den Strampler in einem Stück arbeiten und mit den beiden Hosenbeinen beginnen: Für **das linke Hosenbein** 30 (33/36) Maschen in Jeans anschlagen und kraus rechts in der Streifenfolge stricken, dabei mit 1 Rückreihe beginnen. Nach 19 (21/23) cm Gesamthöhe die Maschen stilllegen. Das **rechte Hosenbein** ebenso stricken. Danach alle Maschen auf die Rundstricknadel nehmen und zwischen den Beinen für den Zwickel je 6 Maschen dazu anschlagen: 3 Maschen für den hinteren Zwickel anschlagen, 30 (33/36) Maschen des linken Hosenbeins rechts stricken, 6 Maschen für den vorderen Zwickel dazu anschlagen, die 30 (33/36) Maschen des rechten Hosenbeins rechts stricken, 3 Maschen für den hinteren Zwickel dazu anschlagen = 72 (78/84) Maschen. In Runden kraus rechts die Streifenfolge fortsetzen; Rundenbeginn ist nun in der rückwärtigen Mitte. Nach 38 (42/46) cm Gesamthöhe wie folgt arbeiten: 7 (8/8) Maschen abketten, 7 Maschen (= Träger) stricken, 4 (5/6) Maschen abketten, 36 (39/42) Maschen (= Vorderteil) stricken, 4 (5/6) Maschen abketten, 7 Maschen (= Träger) stricken, 7 (7/8) Maschen abketten. Die je 7 Maschen der Träger noch 24 (26/28) cm stricken, dabei beidseitig einen Knötchenrand arbeiten. Danach die Maschen abketten. Nun das Vorderteil bzw. den Latz arbeiten. Kraus rechts in der Streifenfolge weiterstricken, jedoch die 7. und die siebtletzte Masche glatt rechts stricken und beidseitig einen Knötchenrand arbeiten. Für den Latz beidseitig 1x in der folgenden 3. (7./7.) Reihe und 3x in jeder 6. Reihe (4x in jeder 4. Reihe/5x in jeder 4. Reihe) je 1 Masche betont abnehmen = 28 (29/30) Maschen. Für die beiden Knopflöcher nach 7,5 (8,5/9,5) cm ab Latzbeginn die 3. und 4. Masche rechts zusammenstricken und 1 Umschlag arbeiten sowie am Ende der Reihe 1 Umschlag arbeiten und die viert- und drittletzte Masche rechts überzogen zusammenstricken. Nach 8,5 (9,5/10,5) cm Latzhöhe alle Maschen abketten.

Fertigstellung: Bein- und Zwickelnähte schließen. Knöpfe an die Träger annähen. Die Träger anknöpfen.

WICKELJACKE: ½ RÜCKEN- UND LINKES VORDERTEIL

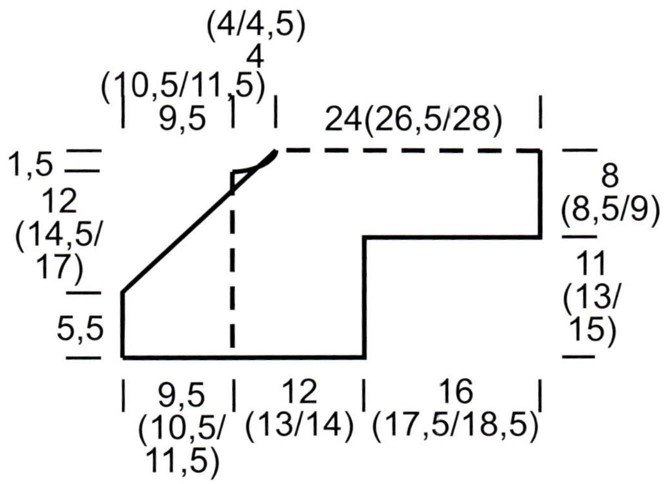

STRAMPLER: ½ VORDER- UND RÜCKENTEIL

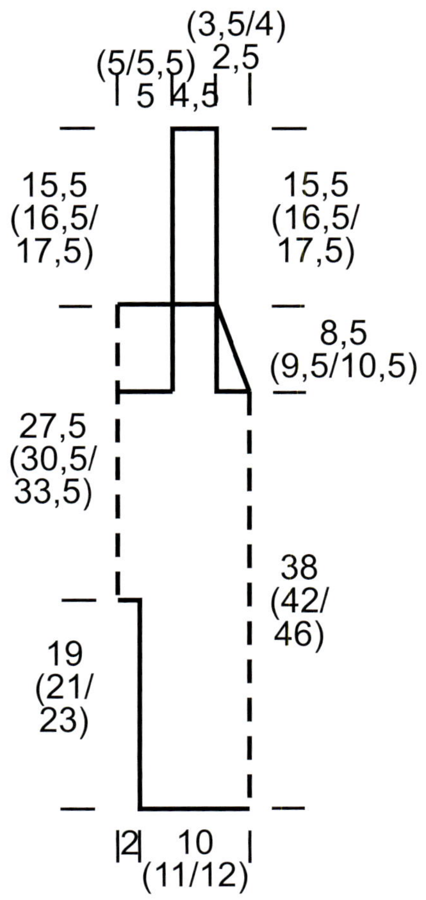

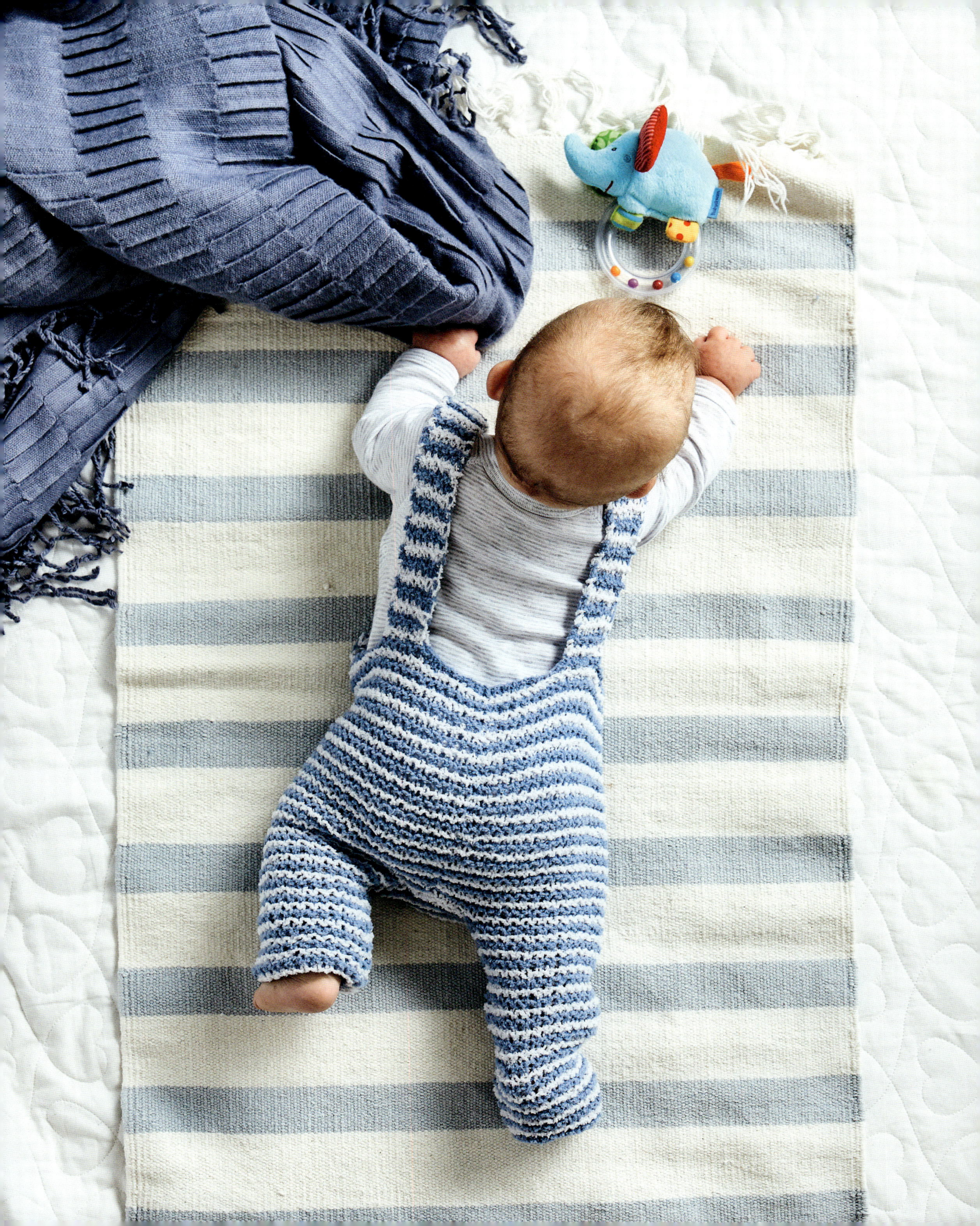

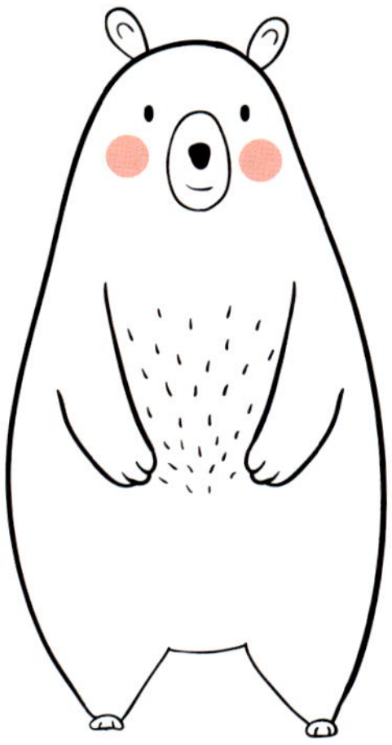

Wolkenblau

Poncho, Mütze und Fäustlinge

Poncho: Größe 60 / 68, 74 / 80 und 86 / 92
Mütze: Kopfumfang 32–34 cm, 35–37 cm und 38–40 cm
Fäustlinge: 10 (12 / 13,5) cm Umfang, 13 (14,5 / 16) cm lang
Die Angaben für die größeren Größen stehen in Klammern.
Steht nur eine Angabe, so gilt diese für alle Größen.
Schwierigkeitsgrad ♡

MATERIAL

- Lana Grossa »Cool Wool Big Melange« (100 % Schurwolle, Lauflänge 120 m / 50 g): 150 g Graublau meliert (für Poncho und Mütze)
- Lana Grossa »Cool Wool Melange« (100 % Schurwolle, Lauflänge 160 m / 50 g) 50 g Graublau meliert (für die Fäustlinge)
- Stricknadeln Nr. 4
- Nadelspiel Nr. 3,5 und Nr. 4

MUSTER

Rippenmuster: 1 Masche rechts, 1 Masche links im Wechsel stricken.

Kraus rechts: In Hin- und Rückreihen rechte Maschen stricken, in Runden 1 Runde rechte Maschen, 1 Runde linke Maschen im Wechsel stricken.

Betonte Zunahmen:
Am rechten Rand: Randmasche, 1 Masche rechts verschränkt aus dem Querfaden herausstricken.
Am linken Rand: 1 Masche rechts verschränkt aus dem Querfaden herausstricken, Randmasche.

MASCHENPROBEN

Kraus rechts mit »Cool Wool Big Melange« und Nadeln Nr. 4: 22 Maschen und 44 Reihen = 10 x 10 cm

Kraus rechts mit »Cool Wool Melange« und Nadeln Nr. 3,5: 23,5 Maschen und 48 Reihen = 10 x 10 cm

So geht's

PONCHO

Der Poncho besteht aus zwei Quadraten: Je Quadrat 49 (53 / 56) Maschen mit Nadeln Nr. 4 und »Cool Wool Big Melange« anschlagen und 21,5 (23 / 24,5) cm = 95 (101 / 108) Reihen kraus rechts stricken, dabei mit 1 Rückreihe beginnen. Alle Maschen abketten.

Fertigstellung: Beidseitig die Schulternähte über 14 (15 / 16) Maschen schließen, die dadurch offenen oberen Ecken nach außen umschlagen und an beiden Ecken je eine 6 cm lange Quaste aus 11 Fäden »Cool Wool Big Melange« anbringen.

MÜTZE

Ohrenklappe: 3 Maschen mit Nadeln Nr. 4 und »Cool Wool Big Melange« anschlagen und kraus rechts stricken, dabei mit 1 Rückreihe beginnen. Für die Schrägen beidseitig in jeder 2. Reihe 3x (4x / 5x) je 1 Masche betont zunehmen = 9 (11 / 13) Maschen. In 3,5 (4 / 4,5) cm = 16 (18 / 20) Reihen Gesamthöhe die Maschen stilllegen. Die zweite Ohrenklappe ebenso arbeiten.

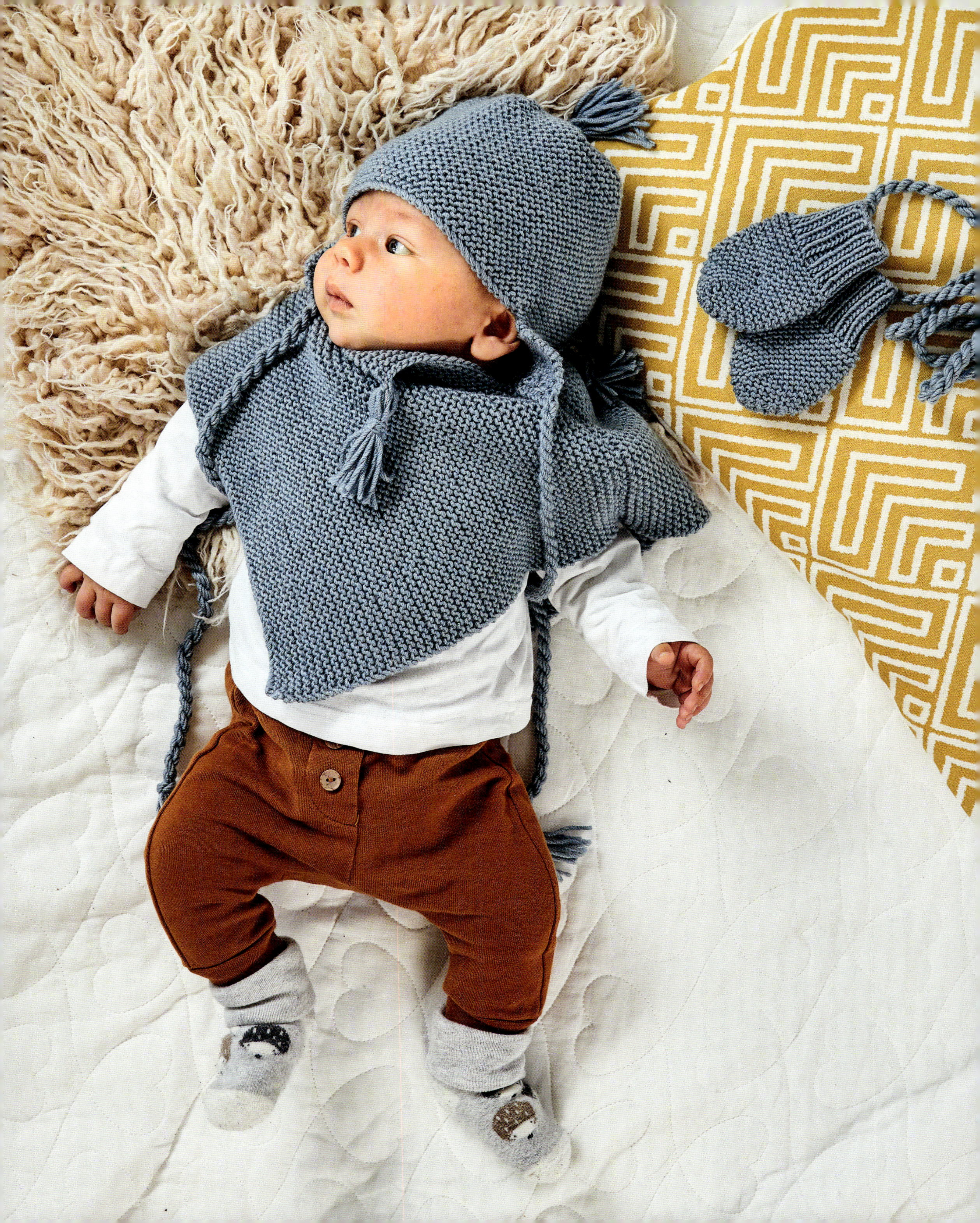

Nun zuerst mit Nadeln Nr. 4 und »Cool Wool Big Melange« mit der einen Hälfte des hinteren Mützenrands beginnen. Damit der spätere Rundenanfang in der hinteren Mitte liegt nun für die beim Tragen linke hintere Mützenhälfte 8 Maschen dazu anschlagen und dann über die 9 (11 / 13) Maschen der ersten Ohrenklappe rechts stricken, für den vorderen Mützenrand 34 (38 / 42) Maschen dazu anschlagen, dann über die 9 (11 / 13) Maschen der zweiten Ohrenklappe rechts stricken und danach für die andere Hälfte des hinteren Mützenrands 8 Maschen dazu anschlagen = 68 (76 / 84) Maschen. Die Maschen gleichmäßig auf vier Spielnadeln verteilen – 17 (19 / 21) Maschen pro Nadel. Nach 9 (10 / 11) cm = 40 (44 / 48) Runden ab Neuanschlag gleichmäßig verteilt 4 Maschen abnehmen = 64 (72 / 80) Maschen. In der folgenden 4. Runde gleichmäßig verteilt 8 Maschen abnehmen = 56 (64 / 72) Maschen. Für die weiteren Abnahmen in jeder 2. Runde 6x (7x / 8x) je 8 Maschen abnehmen, diese Abnahmen über den gleichen Abnahmestellen arbeiten = 8 Maschen. Die restlichen 8 Maschen mit dem Faden zusammenziehen.

Fertigstellung: An der Mützenspitze eine 6 cm lange Quaste aus 11 Fäden »Cool Wool Big Melange« anbringen. An den Spitzen der Ohrenklappen je eine 32 (35) 40 cm lange Kordel aus 6 Fäden »Cool Wool Big Melange« befestigen.

FÄUSTLINGE

Fäustling: 24 (28 / 32) Maschen mit Nadeln Nr. 3,5 und »Cool Wool Melange« anschlagen, die Maschen gleichmäßig auf vier Spielnadeln verteilen – 6 (7 / 8) Maschen pro Nadel. Für den Bund 4 cm = 14 Runden im Rippenmuster stricken. Dann kraus rechts weiterarbeiten. In 8 (9 / 10) cm Gesamthöhe auf jeder Nadel die 1. und 2. Masche rechts zusammenstricken = 20 (24 / 28) Maschen. Diese Abnahmen in jeder 2. Runde noch 3x (4x / 5x) ebenso arbeiten. Die restlichen 8 Maschen mit dem Faden zusammenziehen. Den zweiten Fäustling ebenso arbeiten.

Fertigstellung: Eine 65 (70 / 75) cm lange Kordel aus 6 Fäden anfertigen und die beiden Enden jeweils innen an einem Bündchen annähen.

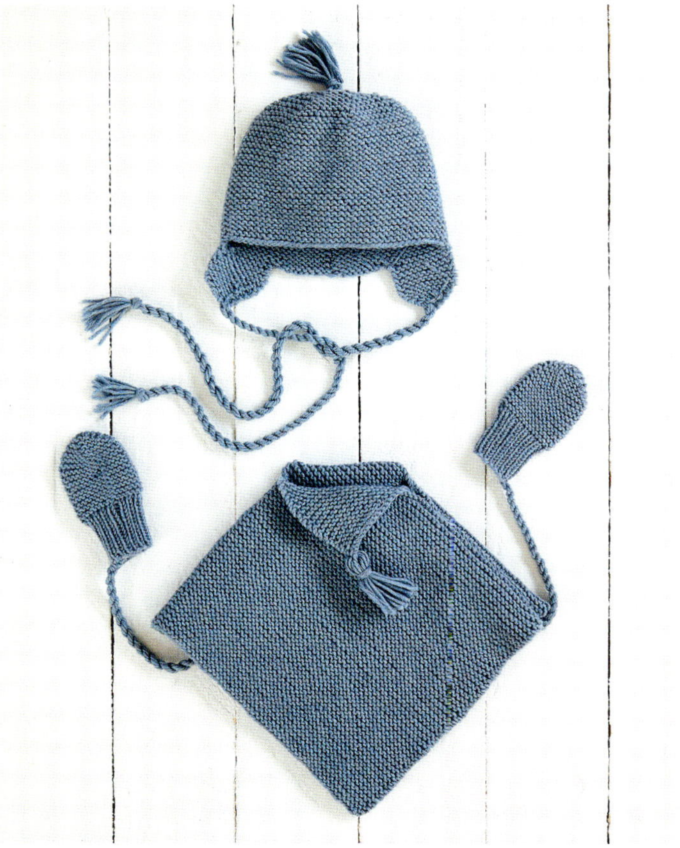

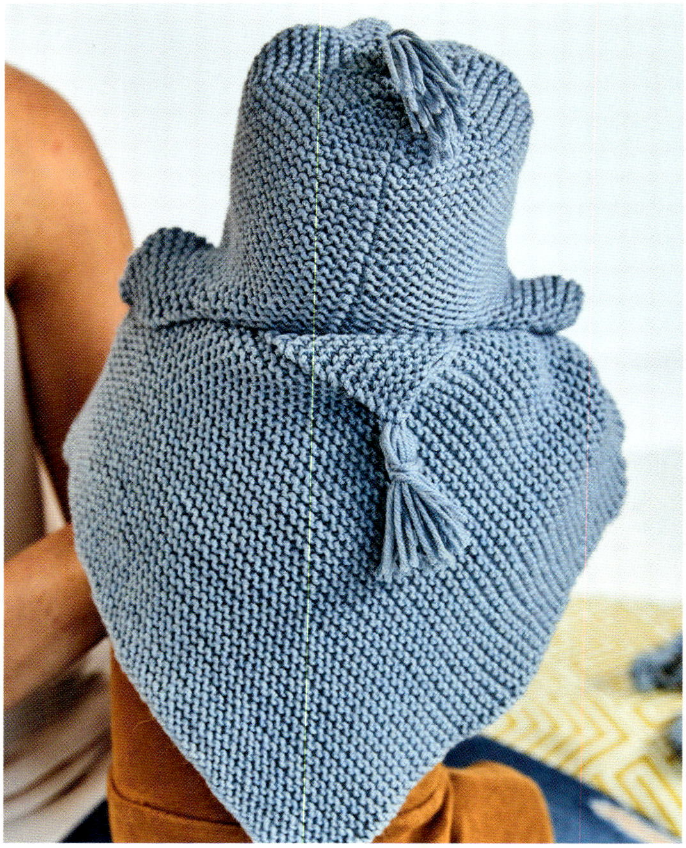

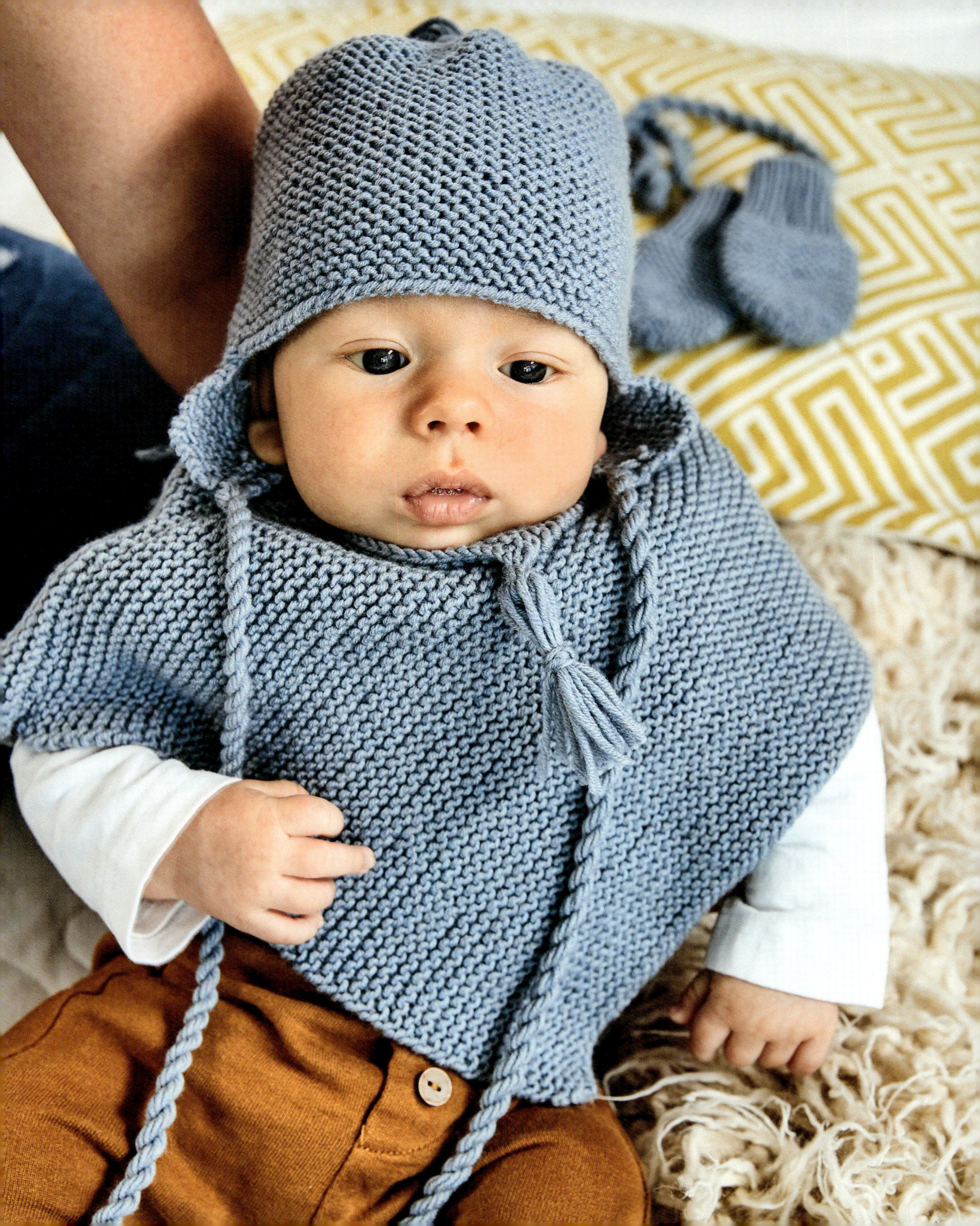

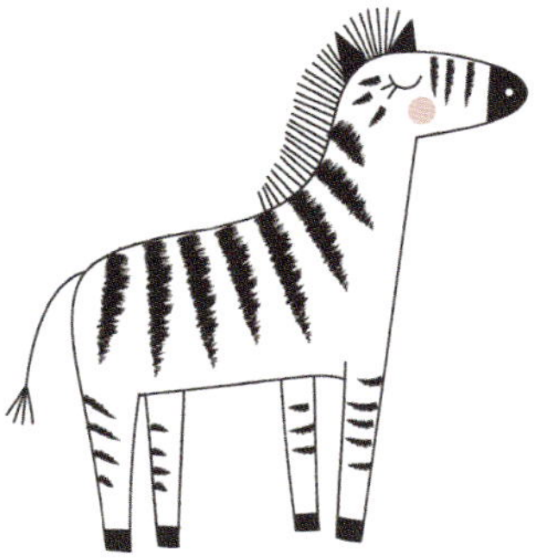

Flanellgrau

Utensilos

Größe: 20 x 17 cm und 29 x 21 cm
Die Angaben für das große Utensilo stehen jeweils in Klammern.
Steht nur eine Angabe, so gilt diese für beide Größen.
Schwierigkeitsgrad ♡

MATERIAL

- Lana Grossa »Bingo« (100 % Schurwolle, Lauflänge 80 m / 50 g): 150 g Dunkelgrau und 50 g oder ein Rest Safrangelb
- 1 dünner Ast, mindestens 65 cm lang
- Stricknadeln Nr. 4
- Häkelnadel Nr. 4
- Stecknadeln

MUSTER

Strukturmuster: Maschenzahl teilbar durch 2 + 1 + 2 Randmaschen.
1. Reihe (Hinreihe): Randmasche, alle Maschen links stricken, Randmasche.
2. Reihe (Rückreihe): Randmasche, * 1 Masche rechts, 1 Masche links, ab * stets wiederholen, 1 Masche rechts, Randmasche.
Die 1. und 2. Reihe stets wiederholen.

MASCHENPROBE

Strukturmuster: 18 Maschen und 30 Reihen = 10 x 10 cm

So geht's

UTENSILO

37 (51) Maschen in Dunkelgrau anschlagen und im Strukturmuster stricken. Nach 34 (42) cm Gesamthöhe alle Maschen abketten.

Fertigstellung: Die Anschlags- und Abkettkante mit 1 Reihe fester Maschen in Safrangelb behäkeln. Eine Schmalseite des Teils 13 (14) cm umschlagen und feststecken. Die andere Schmalseite ebenfalls umschlagen, dabei liegen beidseitig die äußeren safrangelben Maschen übereinander, ebenfalls feststecken. Nun die seitlichen Kanten mit festen Maschen in Dunkelgrau zusammenhäkeln, dabei am oberen Ende ca. 3 cm offen lassen. Beim großen Utensilo die Mitte des unteren safrangelben Streifens mit ein paar Stichen festnähen, damit die Tasche nicht zu weit aufklappt. Den Ast durch die Öffnungen schieben. Für die Aufhängung mit doppeltem Faden in Dunkelgrau eine ca. 70 cm lange Luftmaschenkette häkeln. Die Aufhängung beidseitig an den Ast knoten.

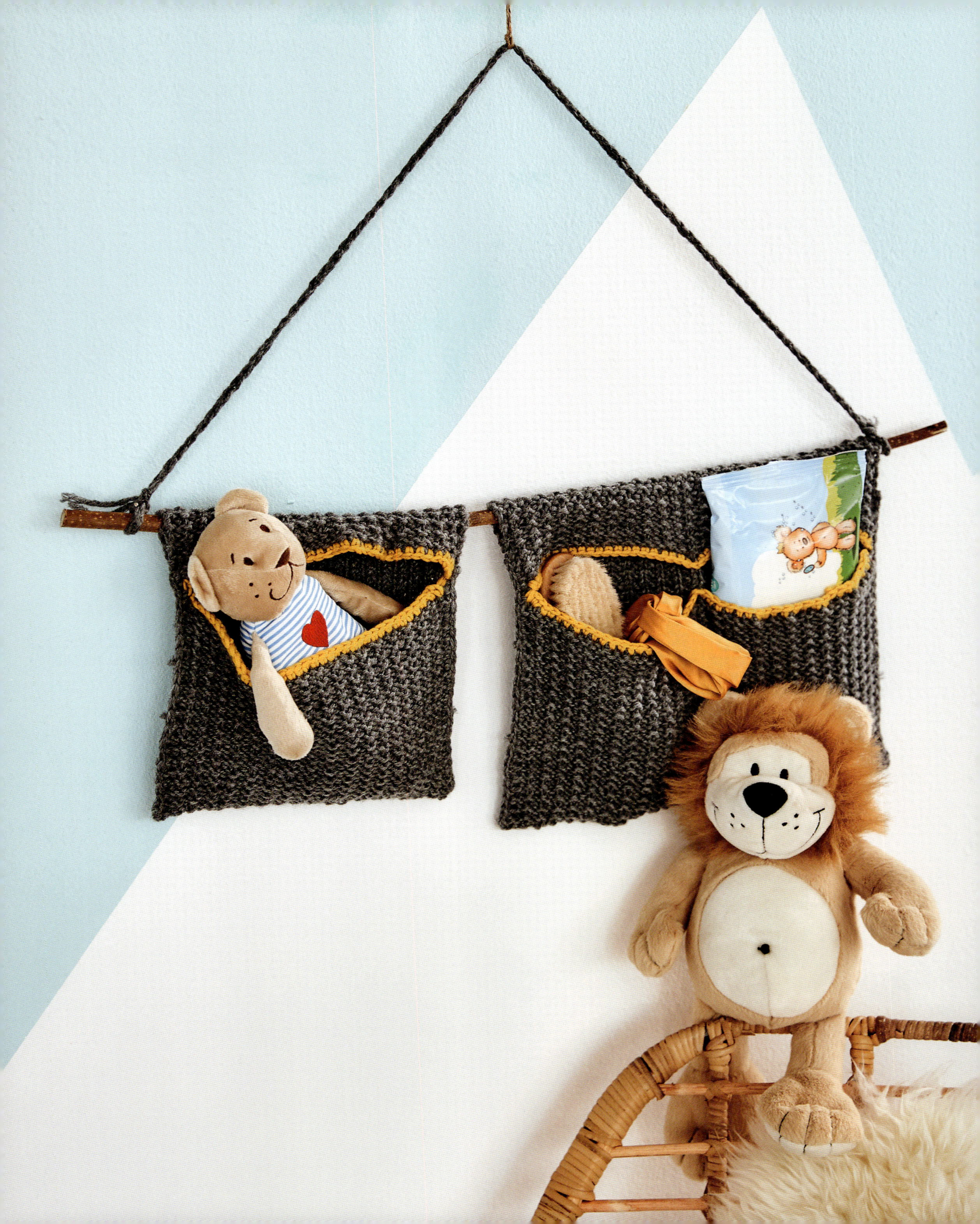

Tintenblau & Felsengrau

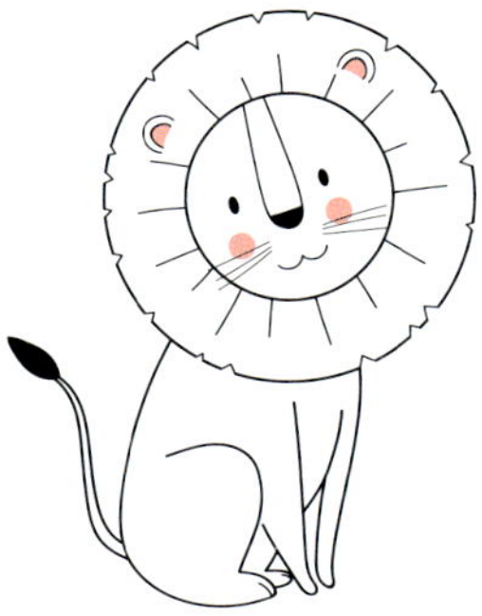

Decke und Kissen

Decke: 97 x 97 cm
Kissen: 30 x 30 cm
Schwierigkeitsgrad

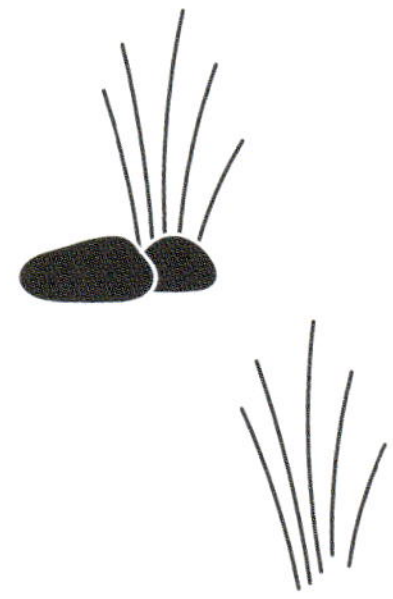

MATERIAL

- Schulana »Sumerino« (100 % Schurwolle, Lauflänge 85 m / 50 g): 550 g Mittelgrau, 450 g Stahlblau und je 50 g Gelbgrün und Dunkelrosa
- Nadelspiel Nr. 5
- Rundstricknadeln Nr. 5, 40 cm, 60 cm und 120 cm lang
- Reißverschluss in Silbergrau, 25 cm lang
- Füllkissen, 30 x 30 cm, oder Füllwatte

MUSTER

Kraus rechts: In Hin- und Rückreihen rechte Maschen stricken; in Runden 1 Runde rechte Maschen, 1 Runde linke Maschen im Wechsel stricken.

MASCHENPROBE

Kraus rechts: 20 Maschen und 36 Runden / Reihen = 10 x 10 cm

Hinweis: Die Decke besteht aus neun einzeln gestrickten Quadraten.

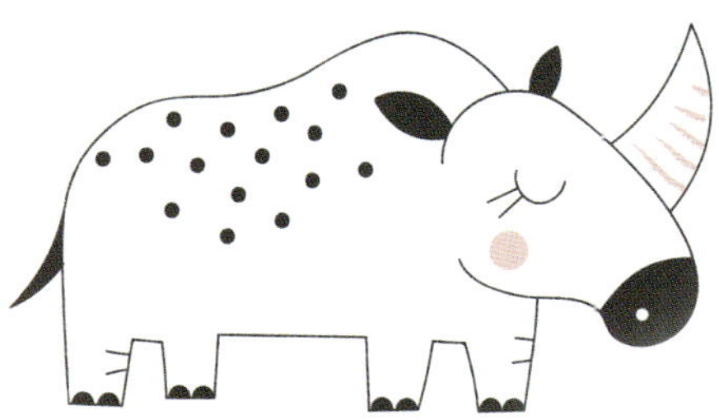

So geht's

DECKE

Quadrat A (4x): 4 Maschen in Gelbgrün anschlagen, die Maschen gleichmäßig auf vier Spielnadeln verteilen – 1 Masche pro Nadel – und in Runden kraus rechts stricken. Den Rundenanfang markieren. In der 1. Runde jede Masche verdoppeln, dafür jede Masche 1x rechts und 1x rechts verschränkt abstricken = 8 Maschen. In der folgenden 2. Runde wie folgt stricken: * 1 Masche rechts = Eckmasche, 1 Masche rechts verschränkt aus dem Querfaden herausstricken, 1 Masche rechts, 1 Masche rechts verschränkt aus dem Querfaden herausstricken, ab * 4x arbeiten = 16 Maschen. Der Rundenanfang liegt vor der 1. Eckmasche und sollte dort auch bleiben, so ergibt sich ein schöner Rundenübergang. Diese Zunahmen beidseitig der Eckmaschen in jeder 2. Runde an den gleichen Zunahmestellen 26x arbeiten, dadurch erhöht sich die Maschenzahl zwischen den Eckmaschen in jeder Zunahmerunde um 2 Maschen = 224 Maschen. Nach und nach auf die längeren Rundstricknadeln wechseln. Nach 12 Runden ab Anschlag in Mittelgrau weiterarbeiten. Alle Maschen abketten.

Quadrat B (5x): Wie Quadrat A stricken, jedoch in Dunkelrosa anschlagen und nach 12 Runden ab Anschlag in Stahlblau weiterarbeiten.

Fertigstellung: Die Quadrate zusammennähen – farbliche Aufteilung dem Foto entnehmen. Am äußeren Deckenrand

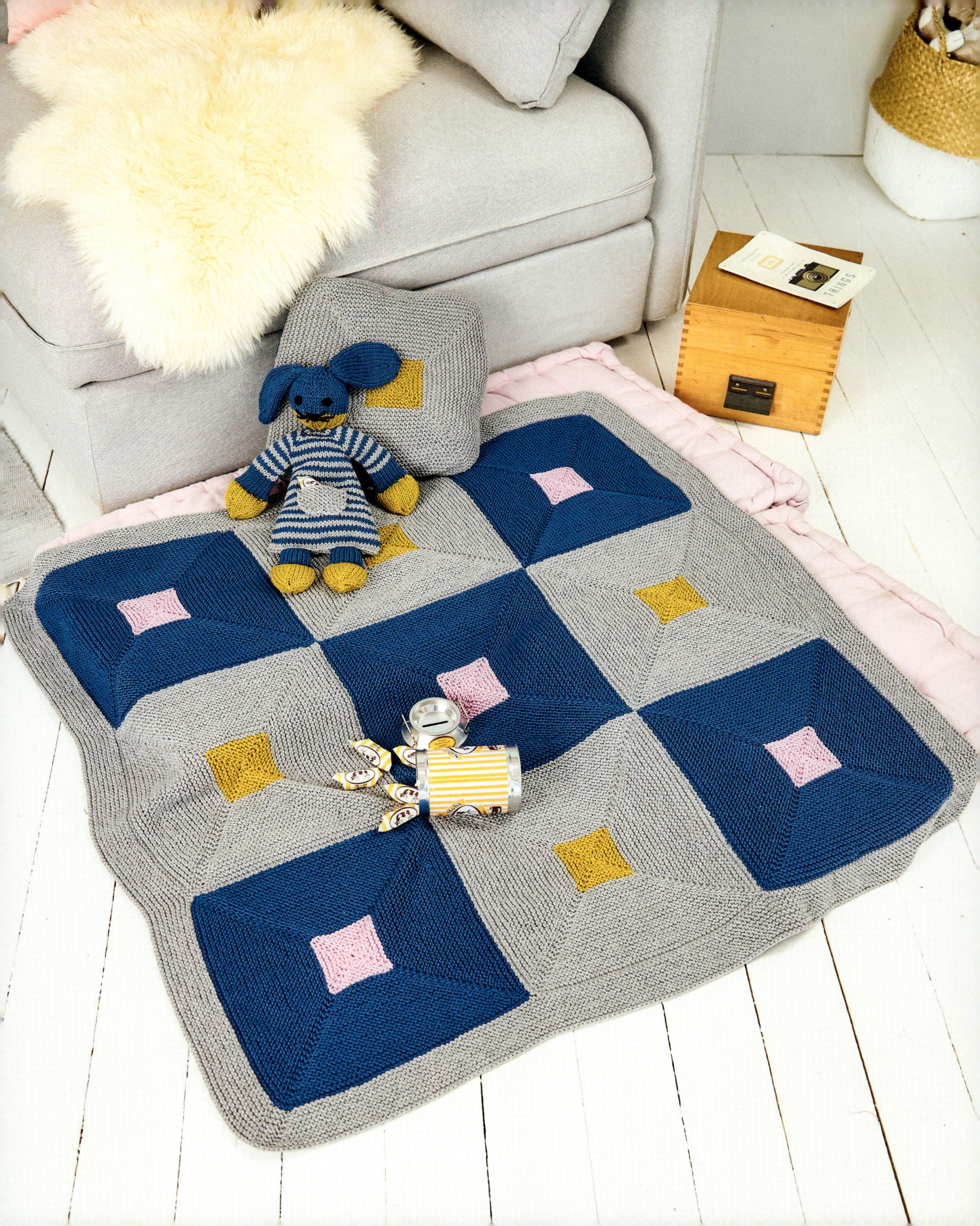
THINGS

aus jeder Seite 161 Maschen und aus jeder Eckmasche je 3 Maschen (= 1 Masche rechts, 1 Masche rechts verschränkt, 1 Masche rechts) mit der langen Rundstricknadel in Mittelgrau auffassen = 656 Maschen. Den Rundenanfang und die Eckmaschen markieren. 5 cm = 18 Runden kraus rechts stricken, dabei beidseitig der Eckmaschen in jeder 2. Runde je 1 Masche rechts verschränkt aus dem Querfaden herausstricken = 728 Maschen. Der Rundenanfang liegt vor der 1. Eckmasche und sollte dort auch bleiben, so ergibt sich ein schöner Rundenübergang. Alle Maschen abketten.

KISSEN

Quadrat A (1x): Wie das Quadrat A der Decke arbeiten.

Quadrat B (1x): Wie das Quadrat B der Decke arbeiten.

Fertigstellung: Die Quadrate zusammennähen, dabei an einer Seite die mittleren 25 cm offen lassen und hier den Reißverschluss einnähen.

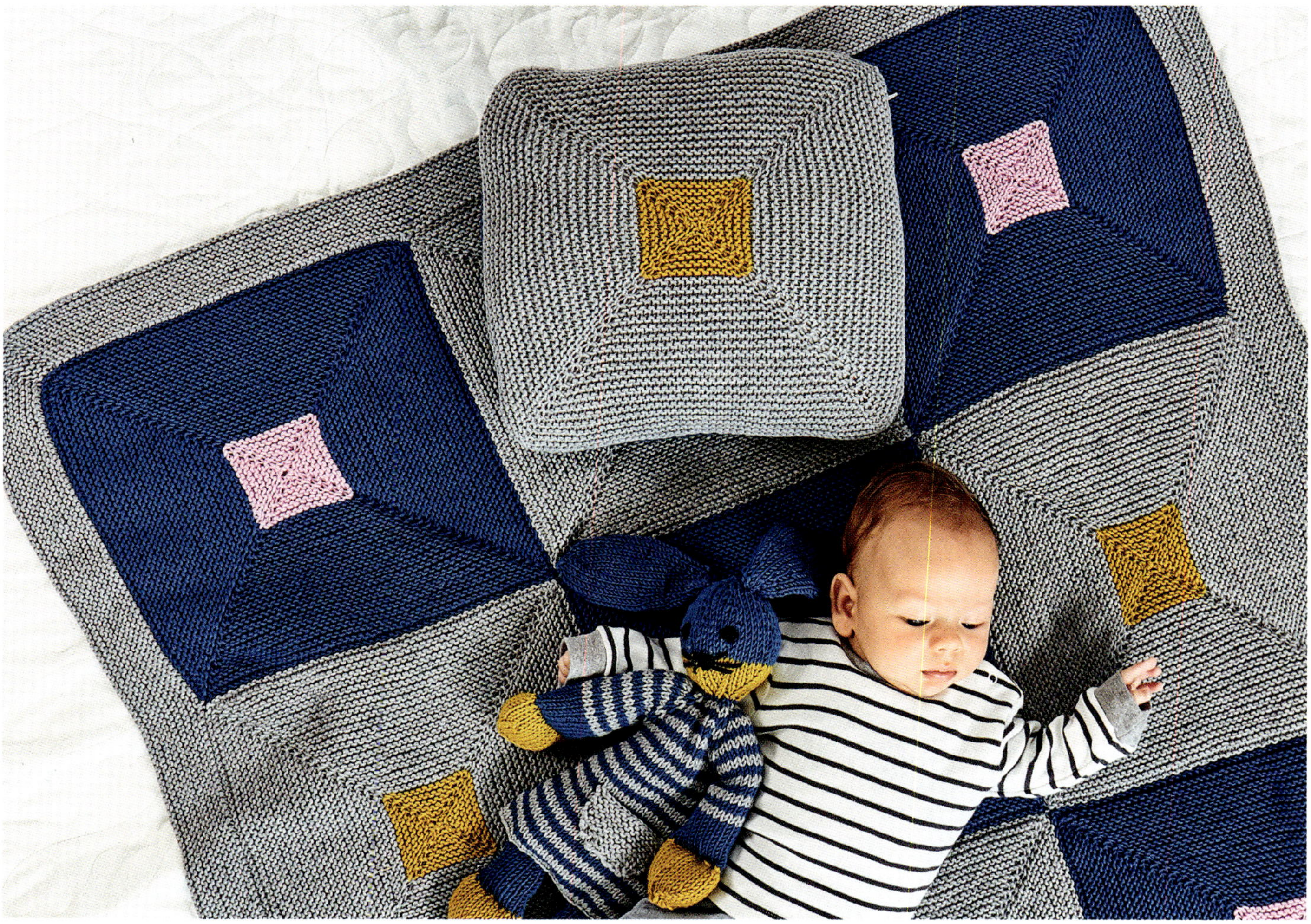

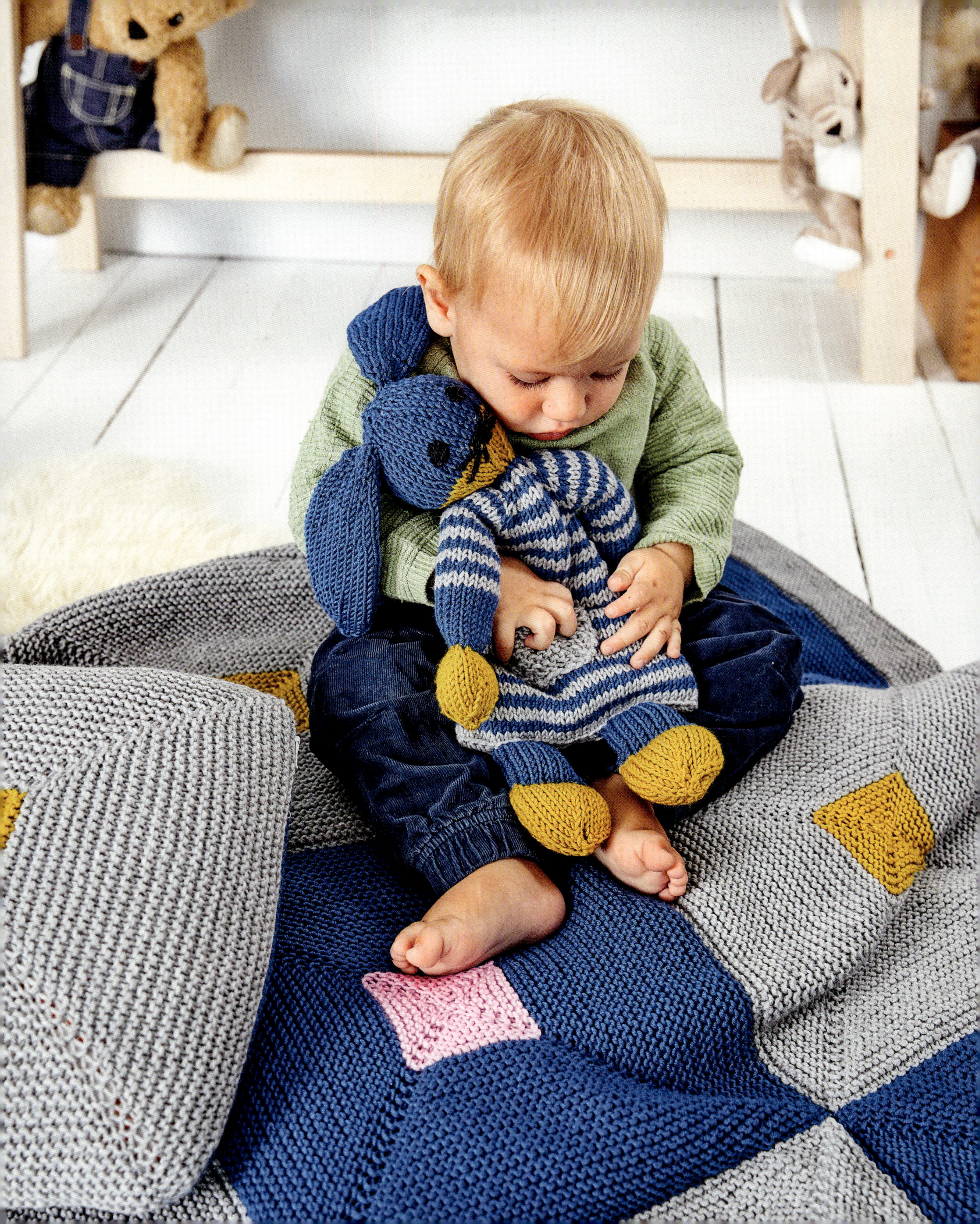

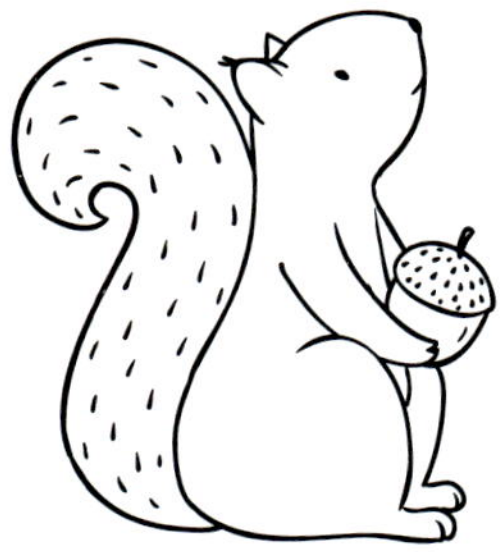

Hase

Größe: 38 cm hoch
Schwierigkeitsgrad ♡

MATERIAL

- Schulana »Sumerino« (100 % Schurwolle, Lauflänge 85 m / 50 g): 100 g Stahlblau, je 50 g Mittelgrau und Gelbgrün und ein Rest in Schwarz
- Nadelspiel Nr. 5
- Sticknadel ohne Spitze
- Füllwatte

MUSTER

Glatt rechts: In Runden stets rechte Maschen stricken.

Kraus rechts: In Hin- und Rückreihen rechte Maschen stricken.

Streifenfolge: * 2 Runden Stahlblau, 2 Runden Mitttelgrau, ab * stets wiederholen.

Betonte Zunahmen:
Am rechten Rand: Randmasche, 1 Masche kraus rechts, 1 Masche rechts verschränkt aus dem Querfaden herausstricken.
Am linken Rand: 1 Masche rechts verschränkt aus dem Querfaden herausstricken, 1 Masche kraus rechts, Randmasche.

MASCHENPROBE

Glatt rechts: 19 Maschen und 26 Runden = 10 x 10 cm

So geht's

Kopf, Körper und Arme von oben nach unten in einem Stück in Runden stricken. Mit dem **Kopf** beginnen: 4 Maschen mit Nadeln Nr. 5 in Stahlblau anschlagen. Die Maschen gleichmäßig auf vier Spielnadeln verteilen – 1 Masche pro Nadel. Glatt rechts in Runden stricken, den Rundenanfang markieren und die Markierung mitführen.
In der 1. Runde jede Masche verdoppeln, dafür die Masche 1x rechts und 1x rechts verschränkt stricken = 8 Maschen. In der folgenden 2. Runde abwechselnd 1 Masche rechts stricken, 1 Masche verdoppeln = 16 Maschen. Diese Zunahmen in jeder 2. Runde noch 3x und in der folgenden 3. Runde 1x über den gleichen Zunahmestellen ebenso arbeiten, dabei erhöht sich die Maschenzahl der glatt rechten Maschen zwischen den Zunahmen = 48 Maschen. In der folgenden 4. Runde in Gelbgrün weiterarbeiten und jede 5. und 6. Masche rechts zusammenstricken = 40 Maschen. Diese Abnahmen noch 1x in der folgenden 3. Runde und 3x in jeder 2. Runden über den gleichen Abnahmestellen ebenso arbeiten, dadurch verringert sich die Maschenzahl zwischen den Abnahmestellen = 8 Maschen. Ab und zu Füllwatte einfüllen. Für den **Körper** und die **Arme** nun in der Streifenfolge weiterarbeiten und in der 1. Runde in der Mitte jeder Nadel 1 Masche rechts verschränkt aus dem Querfaden herausstricken = 12 Maschen. Diese mittlere Masche ist die Raglanmasche. Nun 8x in jeder 2. Runde beidseits der Raglanmaschen je 1 Masche rechts verschränkt aus dem Querfaden herausstricken = 76 Maschen bzw. 19 Maschen pro Nadel. Nun die Maschen wie folgt auf vier Nadeln verteilen: Die 18 Maschen zwischen den Raglanschrägen für den linken Arm, die folgenden 20 Maschen für die Brust, die folgenden 18 Maschen zwischen den Raglanschrägen für den rechten Arm und

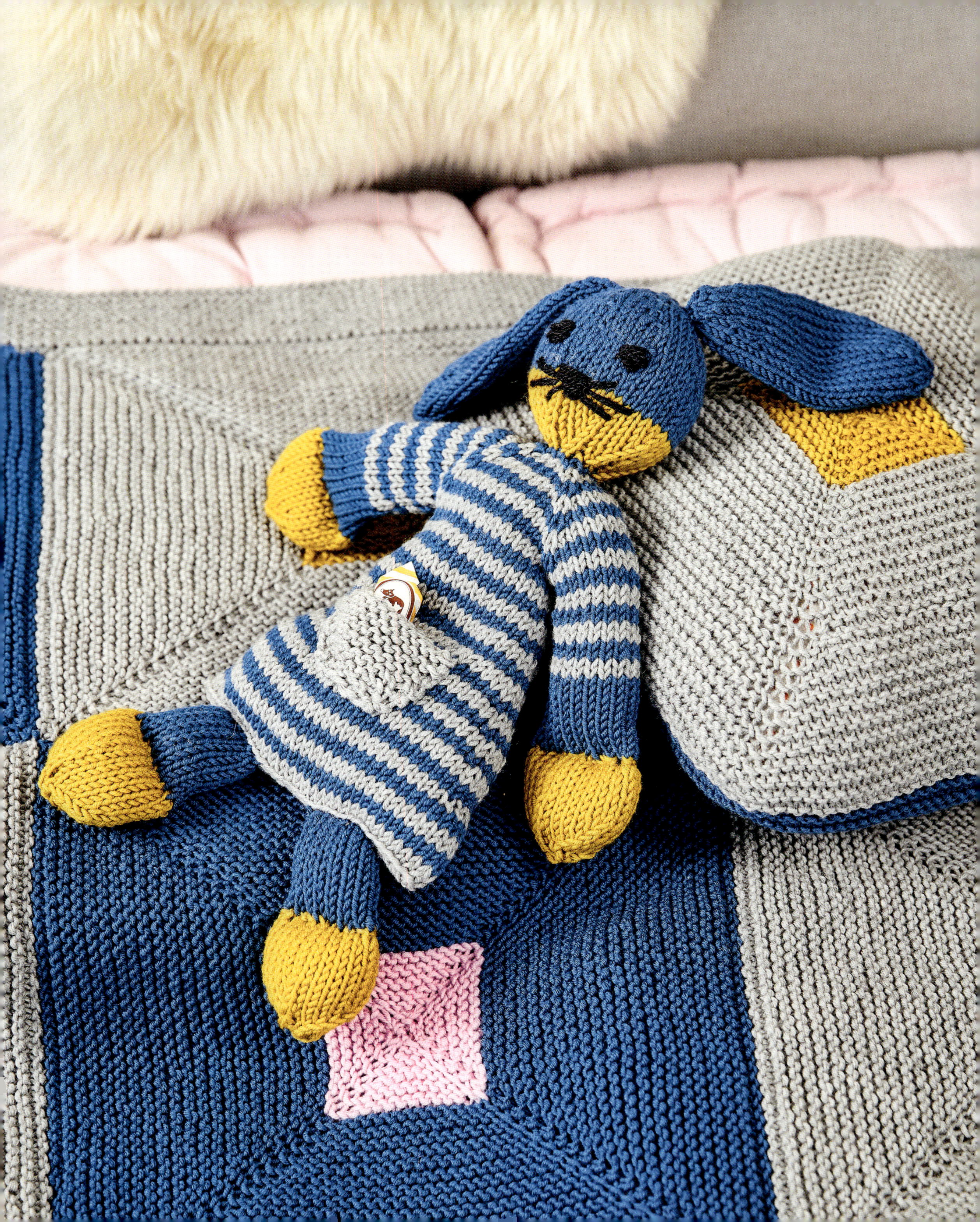

die restlichen 20 Maschen für den Rücken. Nun die Arbeit teilen und zuerst den **linken Arm** beenden. In Runden glatt rechts in der Streifenfolge weiterarbeiten = 18 Maschen. Den Rundenanfang markieren. Nach 10 Runden ab Armbeginn in Stahlblau weiterarbeiten. Nach den 10 Runden in Stahlblau für die Hand in Gelbgrün weiterarbeiten, dabei in der 2. Runde gleichmäßig verteilt 6 Maschen zunehmen = 24 Maschen. Nach weiteren 6 Runden ohne Zu- und Abnahmen gleichmäßig verteilt 4 Maschen abnehmen = 20 Maschen. 1x in der folgenden 2. Runde und noch 3x in jeder Runde an den gleichen Abnahmestellen ebenso je 4 Maschen abnehmen = 4 Maschen. Die restlichen 4 Maschen mit dem Faden zusammenziehen. Den **rechten Arm** ebenso arbeiten. Füllwatte in die Arme einfüllen; die Hände (= das Handgelenk) in Gelbgrün abnähen. Dann mit dem Körper weiterarbeiten, dafür über die 20 Maschen der Brust und des Rückens glatt rechts in der Streifenfolge in Runden weiterarbeiten = 40 Maschen. Den Rundenanfang (liegt an einer Seitenlinie) und nach der Hälfte = 20 Maschen pro Hälfte markieren. An den Seitenlinien 6x in jeder 4. Runde und 1x in der folgenden 6. Runde 1 Masche vor und 1 Masche nach der Seitenlinie je 1 Masche rechts verschränkt aus dem Querfaden herausstricken = 4 Maschen pro Zunahmerunde = 68 Maschen bzw. 34 Maschen pro Hälfte. In der folgenden 9. Runde alle Maschen in Mittelgrau abketten.

Bein (2x): 16 Maschen mit Nadeln Nr. 5 in Stahlblau anschlagen und glatt rechts in Runden stricken. Den Rundenanfang markieren. Nach 10 Runden ab Anschlag für den Fuß in Gelbgrün weiterarbeiten, dabei in der 2. Runde gleichmäßig verteilt 8 Maschen zunehmen = 24 Maschen. Nach weiteren 6 Runden ohne Zu- und Abnahmen gleichmäßig verteilt 4 Maschen abnehmen = 20 Maschen. 1x in der folgenden 2. Runde und noch 3x in jeder Runde über den gleichen Abnahmestellen ebenso je 4 Maschen abnehmen = 4 Maschen. Die restlichen 4 Maschen mit dem Faden zusammenziehen.

Ohr (2x): 8 Maschen mit Nadeln Nr. 5 in Stahlblau anschlagen und glatt rechts in Runden stricken. Den Rundenanfang markieren. In der 2. Runde, dann 2x in jeder 4. Runde und 1x in der folgenden 6. Runde gleichmäßig verteilt je 4 Maschen zunehmen = 24 Maschen. Nach 10 weiteren Runden ohne Zu- und Abnahmen gleichmäßig verteilt 4 Maschen abnehmen = 20 Maschen. 1x in der folgenden 4. Runde, 1x in der folgenden 2. Runde und noch 2x in jeder Runde über den gleichen Abnahmestellen ebenso je 4 Maschen abnehmen = 4 Maschen. Die restlichen 4 Maschen mit dem Faden zusammenziehen.

Tasche: 6 Maschen mit Nadel Nr. 5 in Mittelgrau anschlagen und kraus rechts stricken, dabei mit 1 Rückreihe beginnen. Für die Schrägen in jeder 2. Reihe 3x je 1 Masche beidseitig betont zunehmen = 12 Maschen. Nach 13 Reihen ab Anschlag alle Maschen abketten.

Fertigstellung: Die Beine mit Füllwatte ausstopfen. Die Füße (= Fußgelenke) in Gelbgrün abnähen. Die Tasche mittig in 4,5 cm Gesamthöhe auf das Vorderteil nähen. Den Körper locker mit Füllwatte füllen. Die Beine in den Körper stecken, dann den unteren Kleidrand schließen. Die Ohren an den Kopf nähen. Das Gesicht laut Foto mit Stiel- und Plattstichen in Schwarz aufsticken.

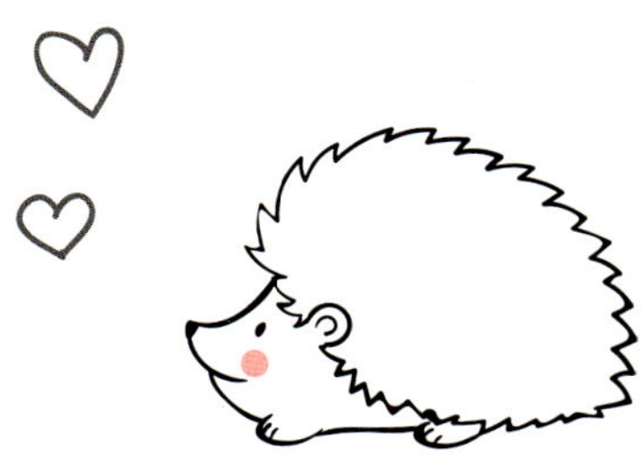

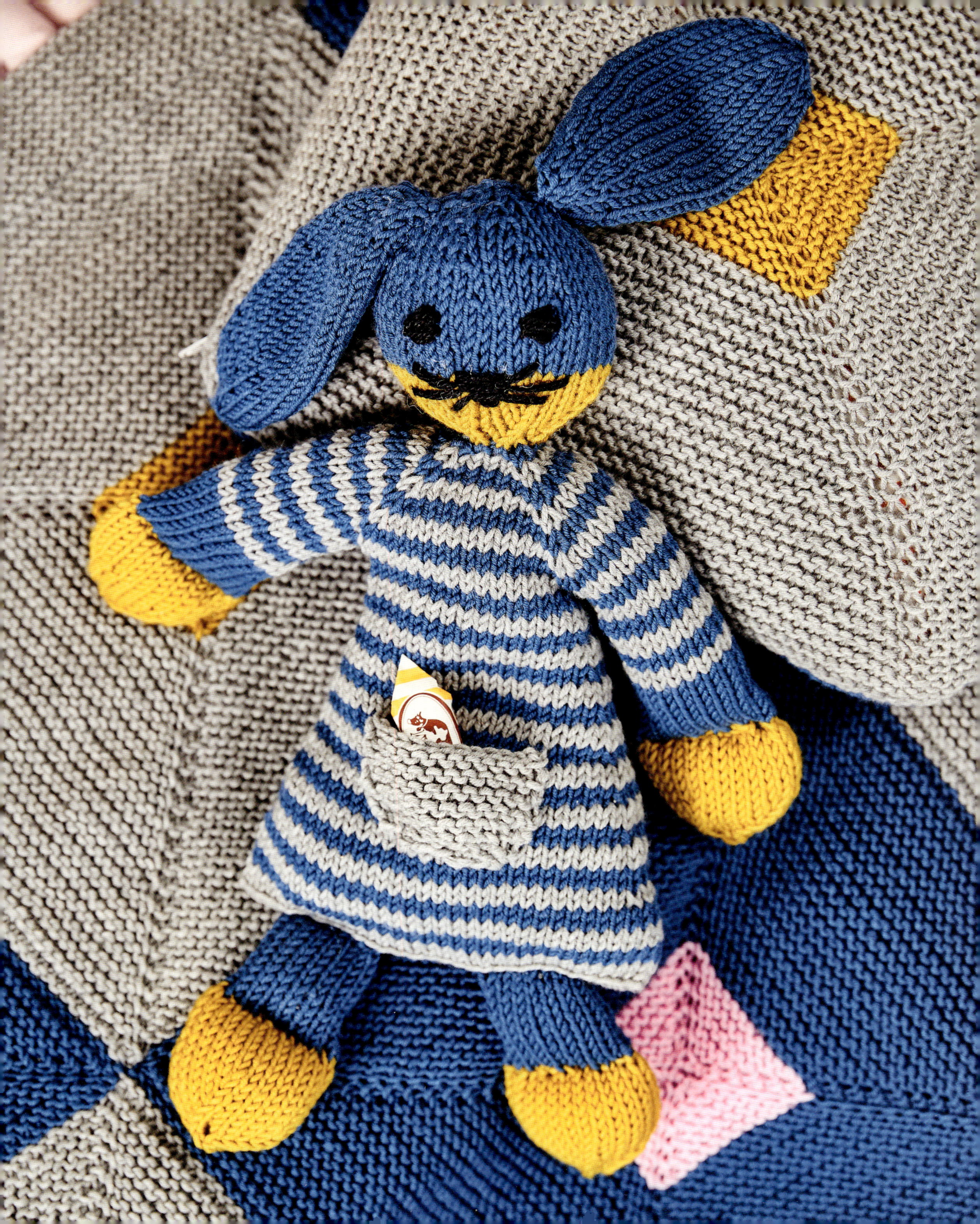

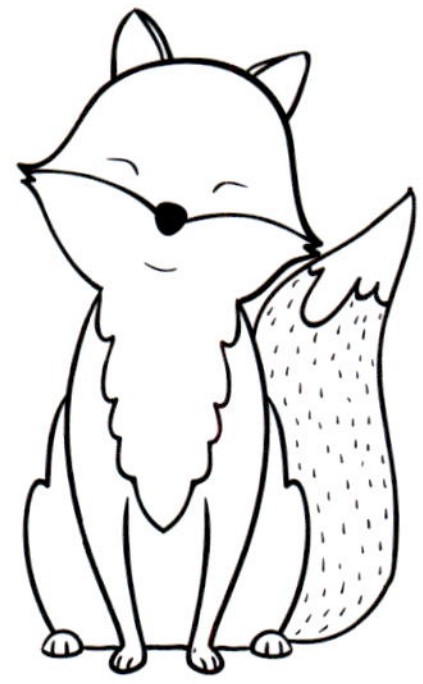

Beige & Sand

Kapuzenpulli

Größe 68/74, 80/86 und 92
Die Angaben für die größeren Größen stehen in Klammern.
Steht nur eine Angabe, so gilt diese für alle Größen.
Schwierigkeitsgrad ♡ ♡

MATERIAL

- Junghans Wolle »Merino Cotton« (52 % Schurwolle, 48 % Baumwolle, Lauflänge 120 m/50 g): 150 (150/200) g Beige und 100 g Sand
- Stricknadeln Nr. 4,5 und Nr. 5
- Rundstricknadeln Nr. 4,5 und Nr. 5, je 40 cm lang

MUSTER

Rippenmuster: 2 Maschen links, 2 Maschen rechts im Wechsel stricken; in den Rückreihen die Maschen stricken, wie sie erscheinen.

Glatt rechts: In Hinreihen rechte Maschen, in Rückreihen linke Maschen stricken.

MASCHENPROBE

Glatt rechts mit Nadeln Nr. 5: 19,5 Maschen und 28 Reihen = 10 x 10 cm

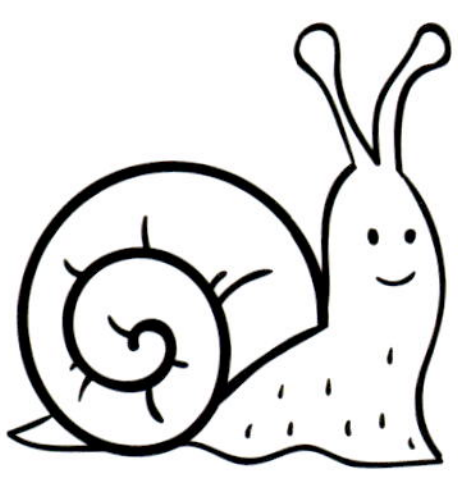

So geht's

Rückenteil: 50 (54/58) Maschen mit Nadeln Nr. 4,5 in Sand anschlagen und 2,5 cm im Rippenmuster stricken, dabei in der 1. Reihe = Rückreihe nach der Randmasche mit 1 Masche links, 2 Maschen rechts, 2 Maschen links beginnen und gegengleich enden. Dann mit Nadeln Nr. 5 glatt rechts in Beige weiterarbeiten. In 22,5 (24,5/26,5) cm Gesamthöhe für den Halsausschnitt die mittleren 24 (26/28) Maschen abketten und beide Seiten getrennt beenden. In 24,5 (26,5/28,5) cm Gesamthöhe die restlichen 13 (14/15) Maschen abketten. Die andere Seite gegengleich beenden.

Vorderteil: Wie das Rückenteil arbeiten, jedoch für den tieferen Halsausschnitt schon in 21 (23/25) cm Gesamthöhe die mittleren 10 (12/14) Maschen abketten und beide Seiten getrennt beenden. Für die Ausschnittrundung am inneren Rand in jeder 2. Reihe 1x 3 Maschen, 1x 2 Maschen und 2x je 1 Masche abketten.

Ärmel: 28 (30/32) Maschen mit Nadeln Nr. 4,5 in Sand anschlagen und für den Bund 2,5 cm im Rippenmuster stricken, dabei in der 1. Reihe = Rückreihe nach der Randmasche mit 2 Maschen rechts, 2 Maschen links (1 Masche links, 2 Maschen rechts, 2 Maschen links/2 Maschen rechts, 2 Maschen links) beginnen und gegengleich enden. Dann mit Nadeln Nr. 5 glatt rechts in Beige weiterarbeiten. Für die Schrägungen beidseitig 1x

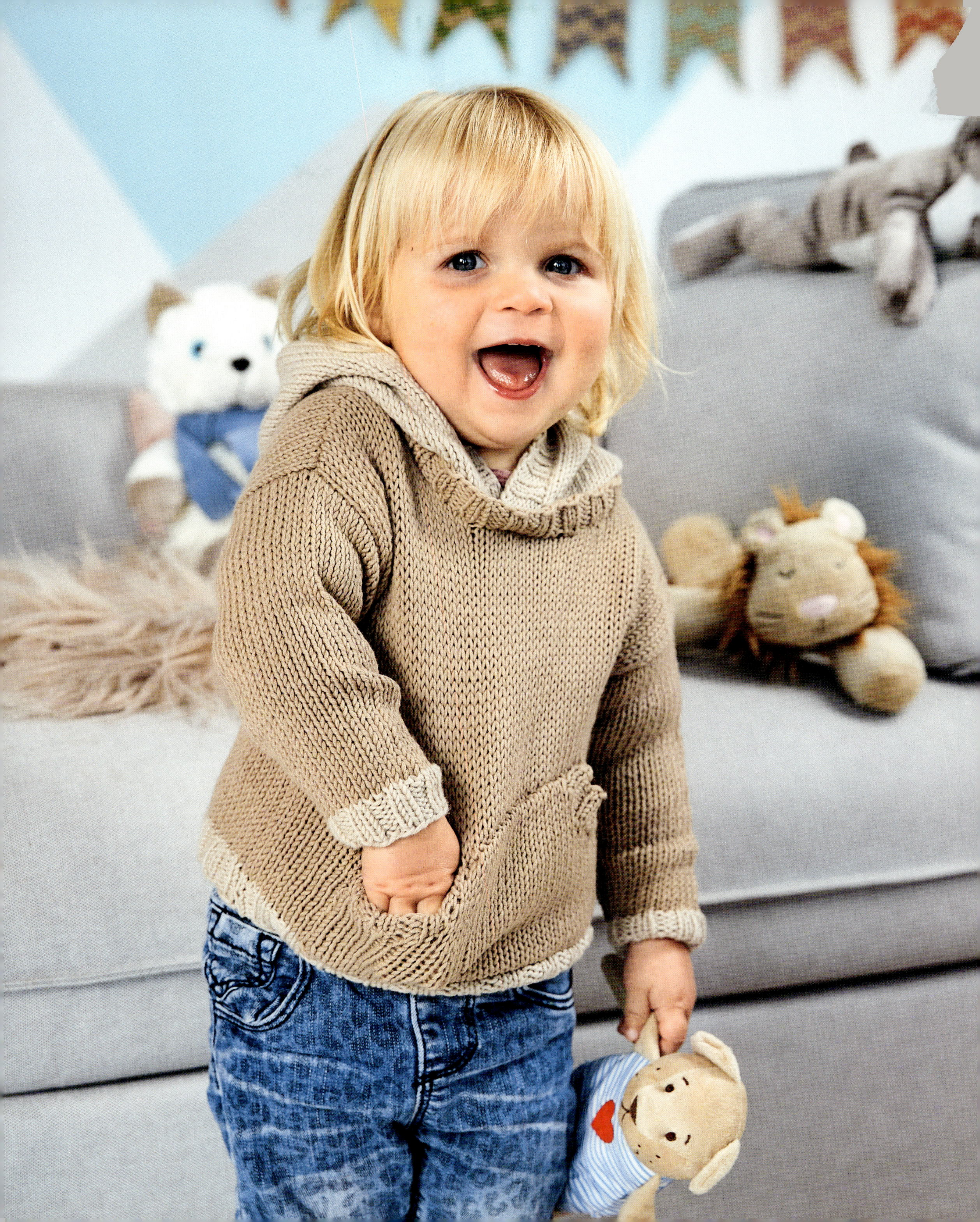

in der 9. (9./7.) Reihe ab Bund 1 Masche und 5x (6x/7x) in jeder 6. Reihe je 1 Masche zunehmen = 40 (44/48) Maschen. In 18 (20/22) cm Gesamthöhe alle Maschen abketten. Den zweiten Ärmel ebenso stricken.

Tasche: 36 Maschen mit Nadeln Nr. 5 in Beige anschlagen und glatt rechts stricken. In 5,5 cm Gesamthöhe für die Eingriffe beidseitig 1x 3 Maschen, in jeder 2. Reihe 2x je 2 Maschen, 1x 1 Masche und in der folgenden 4. Reihe 1x 1 Masche abketten. In 9,5 cm Gesamthöhe die restlichen 18 Maschen abketten.

Fertigstellung: Teile laut Schnitt spannen, anfeuchten und trocknen lassen. Aus den Eingriffen der Taschen je 16 Maschen mit der Rundstricknadel Nr. 4,5 in Beige auffassen und 2 cm im Rippenmuster stricken. Maschen abketten. Die Tasche bündig an den Bund mittig auf das Vorderteil nähen. Schulternähte schließen. Aus dem Halsausschnitt 68 (72/76) Maschen mit der Rundstricknadel Nr. 4,5 in Beige auffassen und 2 cm im Rippenmuster stricken. Maschen abketten. Für die **Kapuze** aus dem Halsausschnitt 68 (72/76) Maschen mit der Rundstricknadel Nr. 5 in Sand auffassen, dabei die mittleren 2,5 cm des Halsausschnitts frei lassen, und glatt rechts stricken. In jeder 2. Reihe beidseitig der mittleren 2 Maschen 4x je 1 Masche rechts verschränkt aus dem Querfaden herausstricken = 76 (80/84) Maschen. In 21 (23/25) cm Gesamthöhe alle Maschen abketten. Obere Kapuzennaht schließen. Aus dem Gesichtsrand der Kapuze 82 (90/98) Maschen mit der Rundstricknadel Nr. 4,5 in Sand auffassen und 2,5 cm im Rippenmuster stricken. Maschen abketten, die Blendenschmalseiten überlappend annähen. Ärmel einsetzen. Ärmel- und Seitennähte schließen.

½ VORDER- UND RÜCKENTEIL

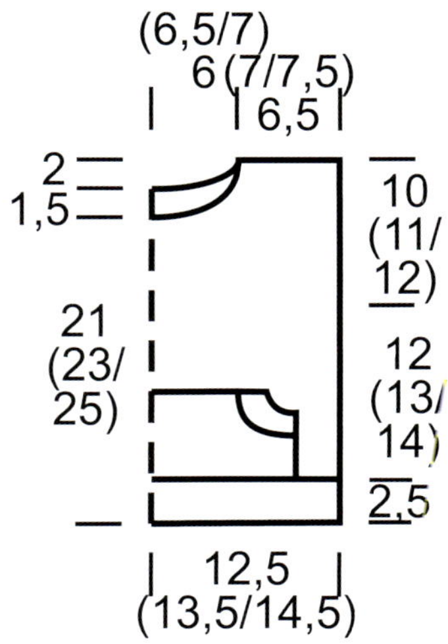

½ ÄRMEL

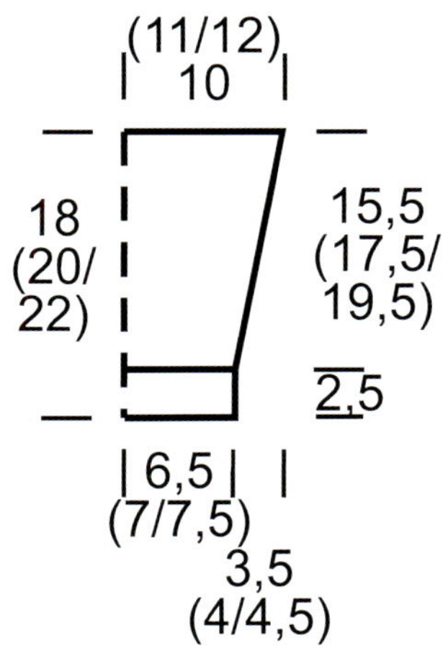

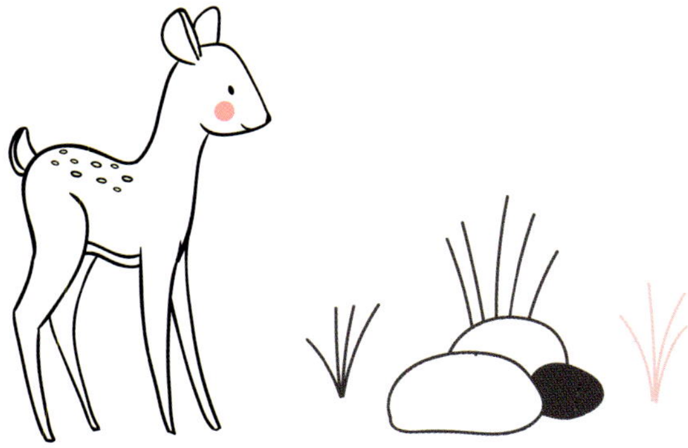

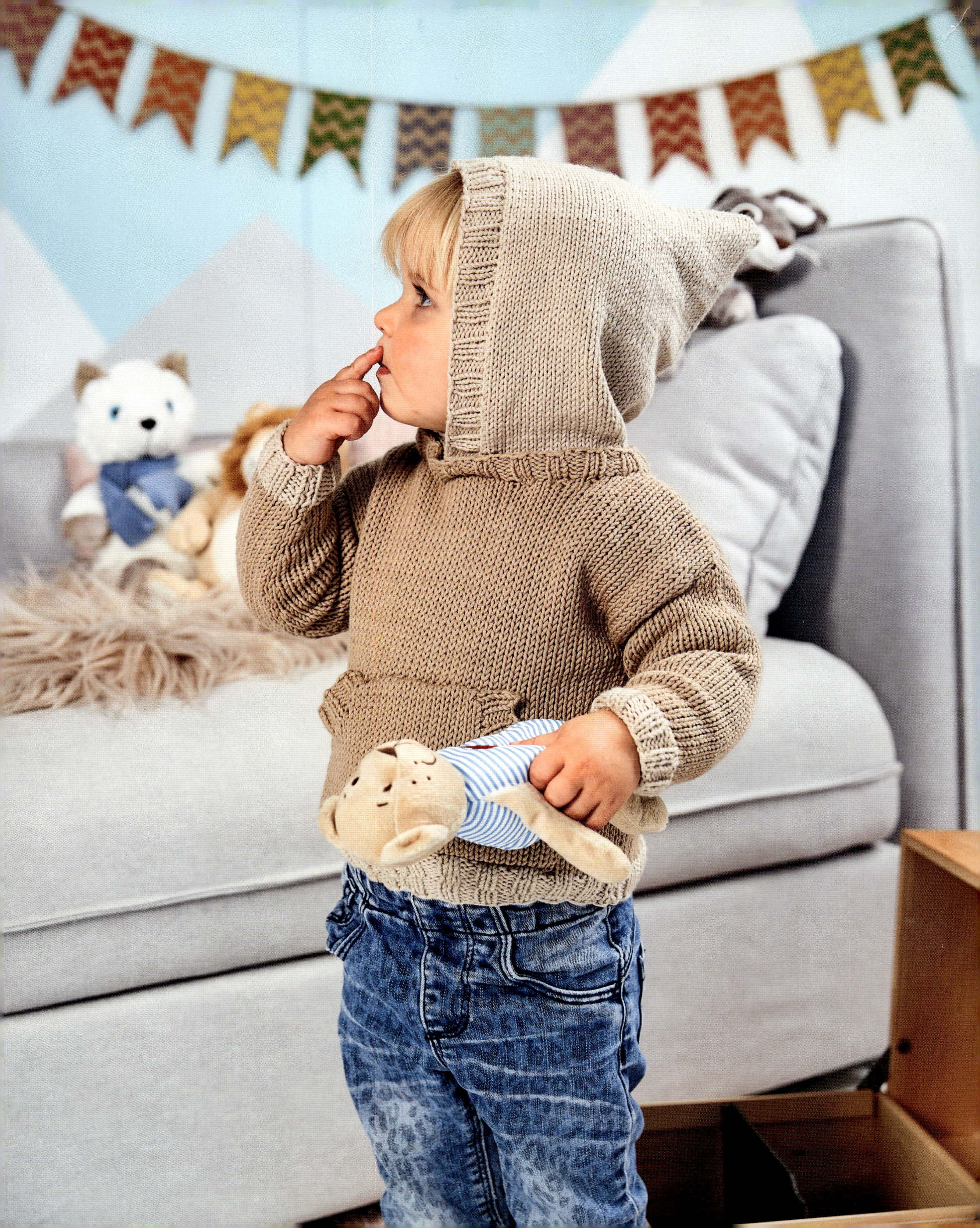

Goldgelb & Graubraun

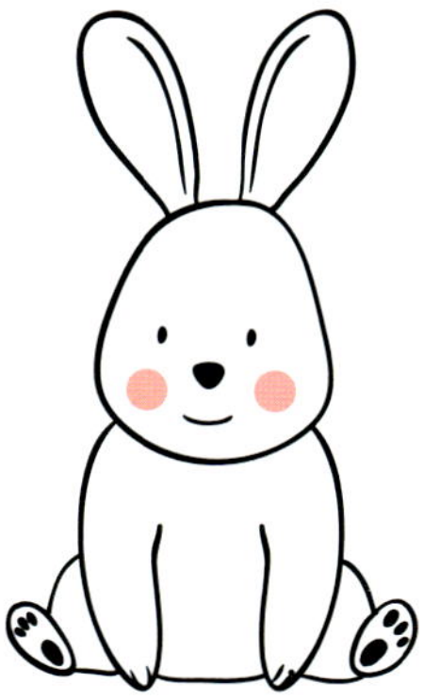

Kleid, Bolero und Mütze

Größe:
Kleid: 62/68, 74/80 und 86/92
Bolero: 68/74, 80/86 und 92
Mütze: Kopfumfang 36–37 cm, 38–39 cm und 40–41 cm
Die Angaben für die größeren Größen stehen in Klammern.
Steht nur eine Angabe, so gilt diese für alle Größen.
Schwierigkeitsgrad ♡ ♡ ♡

MATERIAL

- Lana Grossa »Cool Wool« (100 % Baumwolle, Lauflänge 180 m/50 g): 100 (100/150) g Graubraun, 50 g Weiß (100 g, wenn die weiße Mütze gestrickt wird) und 150 g Goldgelb
- Stricknadeln Nr. 3,5
- Rundstricknadel Nr. 3,5, 60 cm lang
- Nadelspiel Nr. 3,5

MUSTER

Kraus rechts: In Hin- und Rückreihen rechte Maschen stricken; in Runden 1 Runde rechte Maschen, 1 Runde linke Maschen im Wechsel stricken.

Glatt rechts: In Hinreihen rechte Maschen, in Rückreihen linke Maschen stricken; in Runden stets rechte Maschen stricken.

Betonte Abnahmen:
Am rechten Rand: Randmasche, 2 Maschen rechts überzogen zusammenstricken (= 1 Masche wie zum Rechtsstricken abheben, 1 Masche rechts stricken, dann die abgehobene Masche überziehen).
Am linken Rand: 2 Maschen rechts zusammenstricken, Randmasche.

Streifenfolge (Kleid): 1 Rückreihe Graubraun, * 4 Reihen Weiß, 4 Reihen Graubraun, ab * 1x wiederholen, 4 Reihen Weiß = 21 Reihen.

MASCHENPROBEN

Kraus rechts: 22 Maschen und 21 Reihen = 10 x 4,5 cm
Glatt rechts: 22 Maschen und 36 Reihen = 10 x 10 cm

So geht's

KLEID

Vorder- und Rückenteil bis zu den Armausschnitten in Runden stricken: 176 (184/192) Maschen in Graubraun mit der Rundstricknadel anschlagen, zur Runde schließen und für die Blende 4,5 cm = 21 Reihen kraus rechts in der Streifenfolge stricken. Danach glatt rechts in Graubraun weiterarbeiten. Die Seitenlinien markieren: vor der 1. Masche und nach der 88. (92./96.) Masche. Die Markierungen mitführen.
Nach 18 (20/22) cm ab Blende in Goldgelb 6 Runden kraus rechts stricken, dabei in der 1. Runde für den rechten Teil der Kellerfalte wie folgt arbeiten: * 17 (20/22) Maschen stricken, die folgenden 9 Maschen auf die 1. Spielnadel legen, die nächsten 9 Maschen auf die 2. Spielnadel

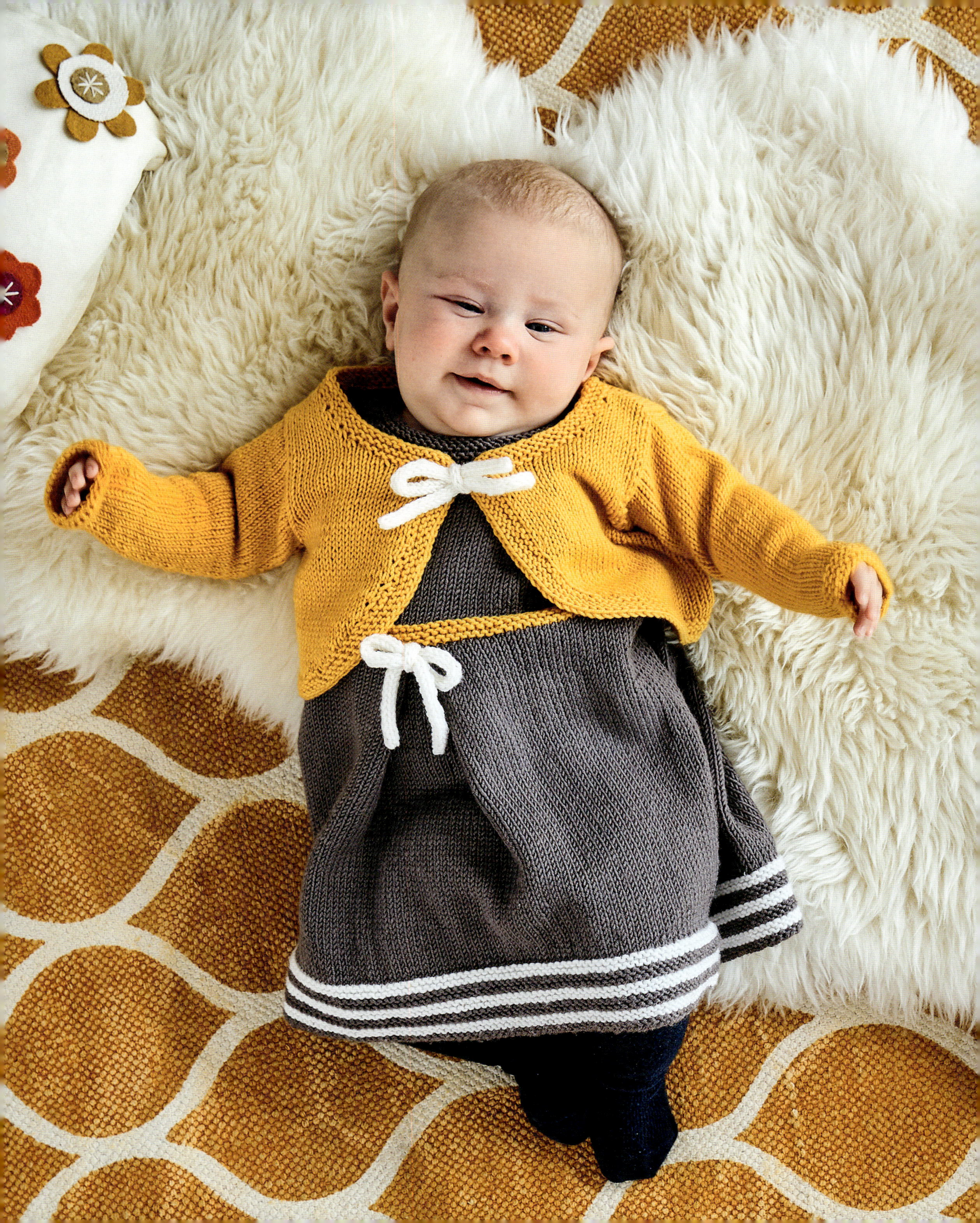

legen und die folgenden 9 Maschen auf die 3. Spielnadel legen. Nun die 2. Spielnadel hinter die 1. Spielnadel klappen (links auf links) und die 3. Spielnadel hinter die 2. (rechts auf rechts) klappen. Anschließend mit der rechten Arbeitsnadel jeweils die 1. Masche aller 3 Spielnadeln rechts zusammenstricken, dies dann mit den folgenden 8 Maschen ebenso machen. Dann für den linken Teil der Kellerfalte die folgenden 9 Maschen auf die 1. Spielnadel legen, die nächsten 9 Maschen auf die 2. Spielnadel legen und die folgenden 9 Maschen auf die 3. Spielnadel legen. Nun die 2. Spielnadel hinter die 3. Spielnadel klappen (links auf links) und die 1. Spielnadel hinter die 2. (rechts auf rechts) klappen. Anschließend mit der rechten Arbeitsnadel jeweils die 1. Masche aller 3 Spielnadeln rechts zusammenstricken, dies dann mit den folgenden 8 Maschen ebenso machen. 17 (20 / 22) Maschen stricken, ab * 1x wiederholen.

Danach wieder in Graubraun glatt rechts in Runden stricken = 104 (116 / 124) Maschen = je 52 (58 / 62) Maschen für Rücken- und Vorderteil. Für die Armausschnitte nach 27,5 (30,5 / 33,5) cm ab Anschlag 2 Maschen abketten, 48 (54 / 58) Maschen stricken, 4 Maschen abketten, 48 (54 / 58) Maschen stricken und 2 Maschen abketten. Nun glatt rechts in Reihen weiterarbeiten und zunächst das **Rückenteil** beenden. Für die Armausschnittrundungen beidseitig in jeder 2. Reihe 3x je 1 Masche abketten = 42 (48 / 52) Maschen. Für den V-Ausschnitt nach 30,5 (33 / 36) cm ab Anschlag die Arbeit in der Mitte teilen und beide Seiten getrennt beenden. Für die Ausschnittschrägung in der 1. Reihe = Hinreihe 1x 1 Masche und 11x (12x / 12x) in jeder 2. Reihe je 1 Masche betont abnehmen. Die restlichen 9 (11 / 13) Schultermaschen nach 37,5 (40,5 / 43,5) cm ab Anschlag abketten. Nun das **Vorderteil** in Arbeit nehmen. Die Armausschnittrundungen wie beim Rückenteil arbeiten = 42 (48 / 52) Maschen. Für den Halsausschnitt nach 32,5 (35 / 38) cm Gesamthöhe die mittleren 10 (12 / 12) Maschen abketten und beide Seiten getrennt beenden. Für die Ausschnittrundung in jeder 2. Reihe 2x je 2 Maschen, 2x je 1 Masche und in der folgenden 4. Reihe 1x 1 Masche abketten. Die restlichen 9 (11 / 13) Schultermaschen nach 37,5 (40,5 / 43,5) cm ab Anschlag abketten.

Schleife: Einen I-Cord stricken. Dafür mit 2 Spielnadeln 4 Maschen in Weiß anschlagen, * die 4 Maschen rechts stricken, dann die Maschen an das andere Nadelende schieben, ab * stets wiederholen. Nach 27 cm Gesamtlänge den Faden abschneiden, durch die Maschen fädeln und diese fest zusammenziehen.

Fertigstellung: Das Teil laut Schnitt spannen, anfeuchten und trocknen lassen. Schulternähte schließen. Für die Blende in Graubraun an der rechten Schulternaht beginnend 25 (28 / 28) Maschen aus der Ausschnittschrägung, 1 Masche aus der Ausschnittspitze = Mittelmasche, 25 (28 / 28) Maschen aus der Ausschnittschrägung und 35 (37 / 37) Maschen aus dem vorderen Halsausschnittrand mit dem Nadelspiel auffassen = 86 (94 / 94) Maschen. 5 Runden kraus rechts stricken, dabei mit 1 Runde linker Maschen beginnen und in jeder rechts gestrickten Runde in der Ausschnittspitze 3 Maschen rechts überzogen zusammenstricken (= die Mittelmasche und die Masche davor zusammen wie zum Rechtsstricken abheben, die folgende Masche rechts stricken, dann die abgehobenen Maschen überziehen). In der letzten (= linken) Runde alle Maschen abketten.

Für die Blenden in Graubraun aus den Armausschnitten je 53 (56 / 59) Maschen mit dem Nadelspiel auffassen und 5 Runden kraus rechts stricken, dabei mit 1 Runde linker Maschen beginnen und in der letzten Runde alle Maschen abketten. Den I-Cord in der Vorderteilmitte unterhalb des goldgelben Streifens annähen, dabei an einer Seite 12,5 cm, an der anderen 14,5 cm ab Annähstelle lassen. Den I-Cord zur Schleife binden.

BOLERO

Rücken- und Vorderteil bis zu den Armausschnitten in einem Stück stricken: 71 (79 / 87) Maschen in Goldgelb mit der Rundstricknadel anschlagen und glatt rechts stricken. Seitenlinien markieren und die Markierung mitführen: 10 (12 / 14) Maschen rechtes Vorderteil, 51 (55 / 59) Maschen Rückenteil, 10 (12 / 13) Maschen linkes Vorderteil. Für die Rundungen beidseitig in jeder 2. Reihe 1x 3 Maschen, 3x je 2 Maschen dazu anschlagen und 2x je 1 Masche sowie in jeder 4. Reihe 4x je 1 Masche zunehmen = je 25 (27 / 29) Maschen für die Vorderteile. Nach 6,5 (7 / 7,5) cm ab Anschlag für die Armausschnitte über den

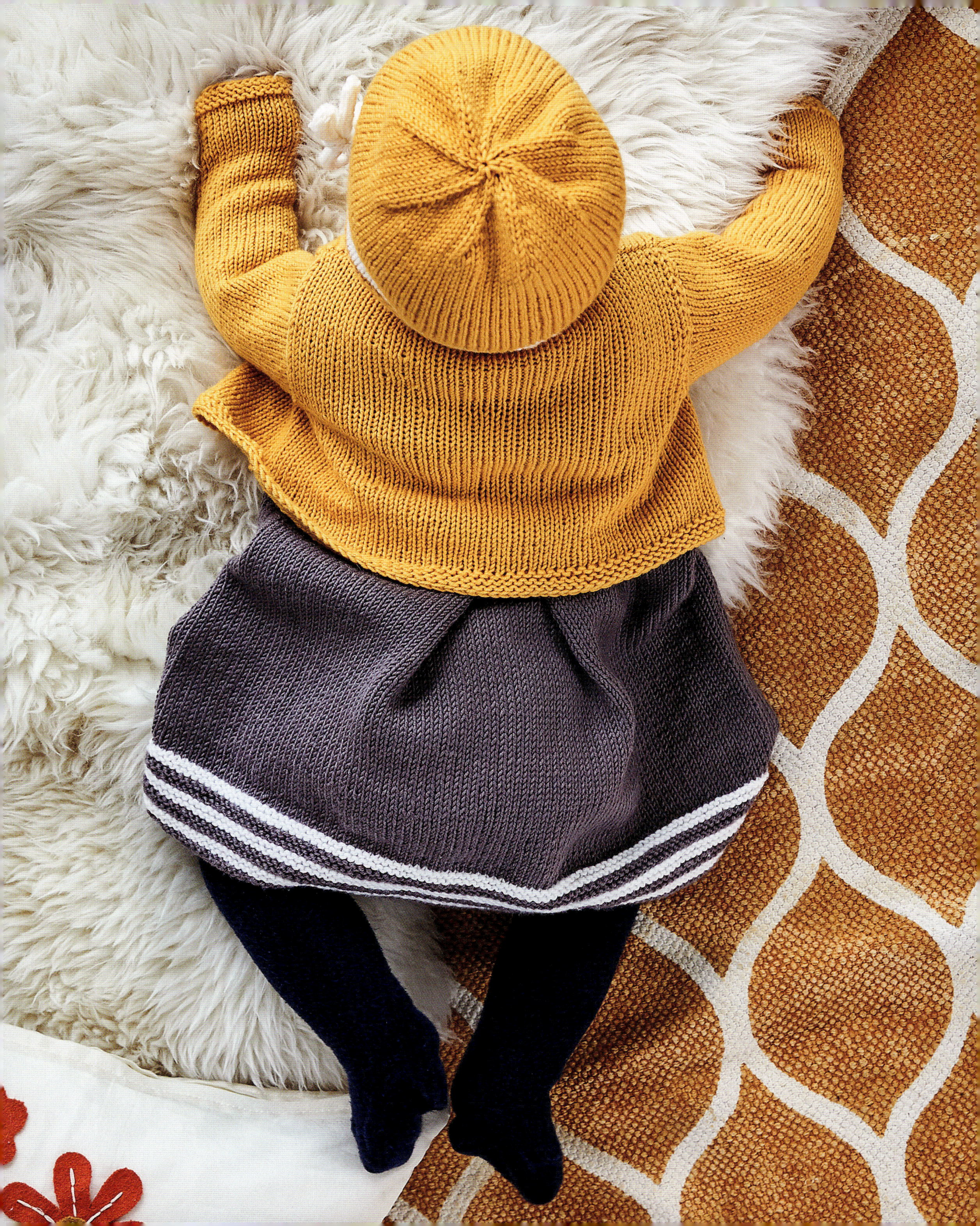

Seitenlinien je 4 Maschen abketten (= 2 Maschen vor und 2 Maschen nach der Seitenlinie) und zunächst das **linke Vorderteil** beenden. Für die Armausschnittrundung in jeder 2. Reihe noch 3x je 1 Masche betont abnehmen. Nach 10,5 (12 / 13,5) cm ab Anschlag für den Halsausschnitt am linken Rand 1x 5 Maschen und in jeder 2. Reihe 2x je 2 Maschen und 2x je 1 Masche sowie in jeder 4. Reihe 2x je 1 Masche abketten. Die restlichen 7 (9 / 11) Schultermaschen nach 16,5 (18 / 19,5) cm ab Anschlag abketten. Das **rechte Vorderteil** gegengleich arbeiten. Beim **Rückenteil** den Armausschnitt beidseitig ebenso arbeiten = 41 (45 / 49) Maschen. Für den Halsausschnitt nach 15,5 (17 / 18,5) cm ab Anschlag die mittleren 23 Maschen abketten und beide Seiten getrennt beenden. Für die Rundung am inneren Rand in der folgenden 2. Reihe 1x 2 Maschen abketten. Die restlichen 7 (9 / 11) Schultermaschen nach 16,5 (18 / 19,5) cm ab Anschlag abketten.

Ärmel: 29 (31) 33 Maschen in Goldgelb anschlagen und für den Bund 1,5 cm kraus rechts stricken, dabei mit 1 Rückreihe beginnen. Danach glatt rechts weiterarbeiten. Für die Ärmelschrägungen beidseitig 1x in der 9. Reihe und 8x (9x / 10x) in jeder 6. Reihe je 1 Masche zunehmen = 47 (51 / 55) Maschen. Nach 17 (19 / 21) cm ab Bund beidseitig 4x je 3 Maschen abketten. Nach 19 (21 / 23) cm ab Bund die restlichen 23 (27 / 31) Maschen abketten. Den zweiten Ärmel ebenso stricken.

Bindeband (2x): Einen I-Cord stricken. Dafür mit 2 Spielnadeln arbeiten. 4 Maschen in Weiß anschlagen, * die 4 Maschen rechts stricken, dann die Maschen an das andere Nadelende schieben, ab * stets wiederholen. Nach 16 cm Gesamtlänge den Faden etwas länger abschneiden, durch die Maschen fädeln und diese fest zusammenziehen.

Fertigstellung: Teile laut Schnitt spannen, anfeuchten und trocknen lassen. Schulternähte schließen. Für die Blende an der linken Seitenlinie beginnend wie folgt Maschen auffassen: In Goldgelb aus dem Rückenteilrand 51 (55 / 59) Maschen, dem Rand des rechten Vorderteils 49 (51 / 53) Maschen, 1 Masche aus der Halsausschnittecke, aus dem Halsausschnitt des rechten Vorderteils 20 Maschen, aus dem rückwärtigen Halsausschnitt 34 Maschen, aus der Halsausschnittrundung des linken Vorderteils 20 Maschen, aus der Halsausschnittecke 1 Masche und

KLEID: ½ VORDER- UND RÜCKENTEIL

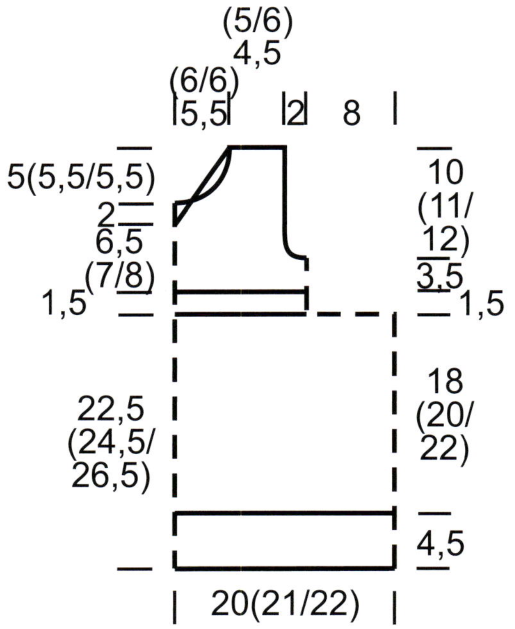

BOLERO: ½ RÜCKEN- UND LINKES VORDERTEIL

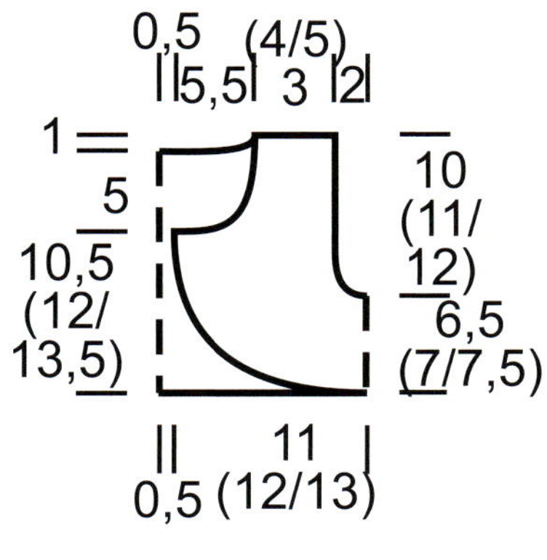

½ ÄRMEL

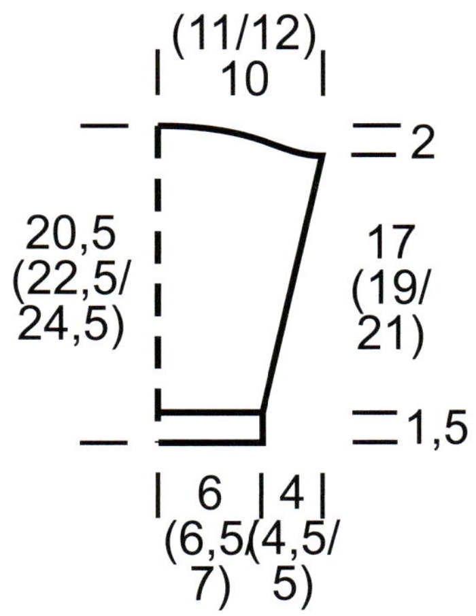

aus dem Rand des linken Vorderteils 49 (51 / 53) Maschen auffassen = 225 (233/241) Maschen. Kraus rechts stricken, dabei an den Halsausschnittecken 2x in jeder 2. Runde = rechts gestrickten Runde beidseitig der Eckmaschen je 1 Masche rechts verschränkt aus dem Querfaden herausstricken = 233 (241 / 249) Maschen. Nach 1,5 cm ab Auffassen alle Maschen abketten. Ärmel einsetzen. Ärmelnähte schließen. Die Bindebänder jeweils an den Halsausschnittecken vor der Blende annähen und beim Tragen zur Schleife binden.

MÜTZE

Hinweis: Die Farbangaben für die weiße Mütze stehen in Klammern.

84 (88/92) Maschen in Goldgelb (Weiß) anschlagen, auf vier Spielnadeln verteilen – 21 (22/23) Maschen pro Nadel – und für die Blende 5 Runden kraus rechts stricken. Danach glatt rechts weiterarbeiten. Nach 2 Runden ab Blende 1,5 cm in Weiß (Goldgelb), danach wieder in Goldgelb (Weiß) stricken. Nach 12,5 (13,5/15) cm ab Anschlag zur Formgebung gleichmäßig verteilt 4 (0/4) Maschen abnehmen (= jeweils 2 Maschen rechts zusammenstricken) = 80 (88/88) Maschen. In der folgenden 2. Runde gleichmäßig verteilt 8 Maschen abnehmen = 72 (80/80) Maschen. Diese Abnahmen über den gleichen Abnahmestellen noch 4x (5x/5x) in jeder 2. Runde und 4x in jeder Runde arbeiten. Die restlichen 8 Maschen mit dem Faden zusammenziehen.

Schleife (nur Mütze in Goldgelb): Einen I-Cord stricken. Dafür mit 2 Spielnadeln 4 Maschen in Weiß anschlagen, * die 4 Maschen rechts stricken, dann die Maschen an das andere Nadelende schieben, ab * stets wiederholen. Nach 22 cm Gesamtlänge den Faden abschneiden, durch die Maschen fädeln und diese fest zusammenziehen. Den I-Cord auf den weißen Streifen nähen, dabei an einer Seite 10 cm, an der anderen 12 cm ab Annähstelle lassen. Den I-Cord zur Schleife binden.

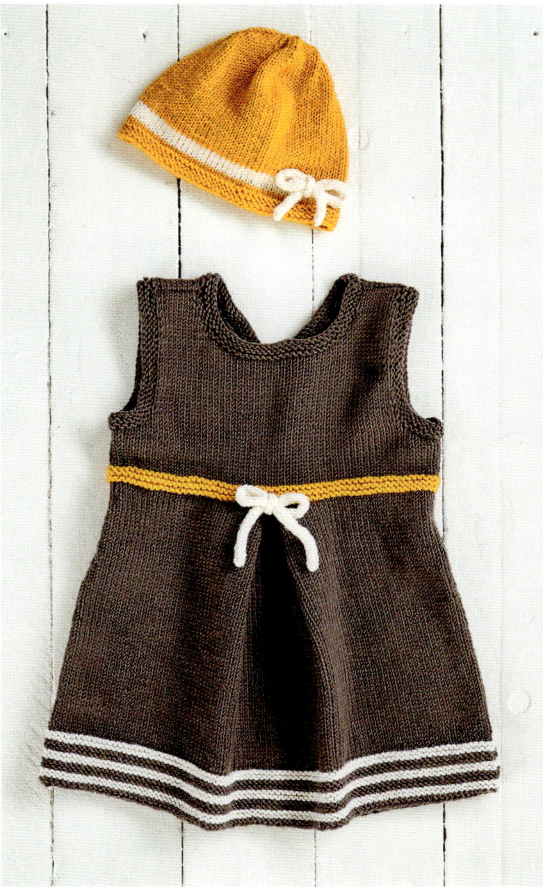

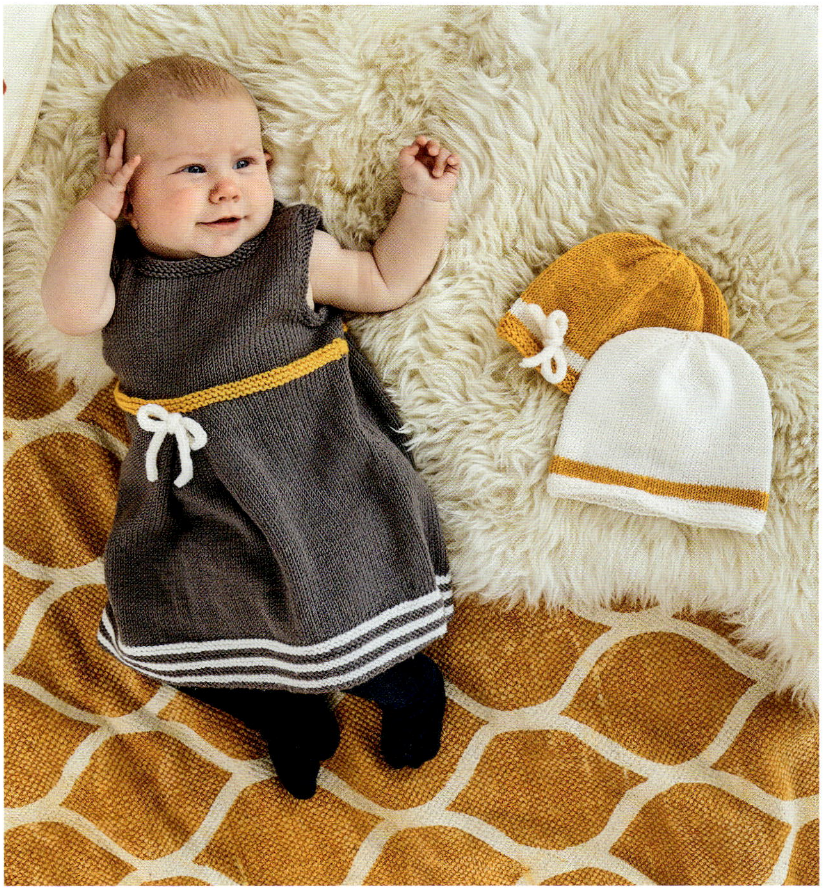

Bonbonrosa & Blassgrün

Tunika, Hose, Mütze und Schuhe

Tunika und Hose: Größe 56/62, 68/74 und 80/86
Mütze: Kopfumfang 35–36 cm, 37–38 cm und 39–40 cm
Schuhe: Sohlenlänge 9 cm, 10 cm und 11 cm
Die Angaben für die größeren Größen stehen in Klammern.
Steht nur eine Angabe, so gilt diese für alle Größen.
Schwierigkeitsgrad ♡ ♡

MATERIAL

- Lana Grossa »Elastico« (96 % Baumwolle, 4 % Polyester, Lauflänge 160 m/50 g): 150 (200/200) g Graugrün, 100 (100/150) g Lachs, 50 g Ecru
- Stricknadeln Nr. 3 und Nr. 3,5
- Rundstricknadel Nr. 3
- Nadelspiel Nr. 3 und Nr. 3,5
- 1 Herz-Knopf
- Sticknadel ohne Spitze
- Gummiband, 1,5 cm breit (in Taillenweite für die Hose)

MUSTER

Rippenmuster: 1 Masche rechts, 1 Masche links im Wechsel stricken.

Glatt rechts: In Hinreihen rechte Maschen, in Rückreihen linke Maschen stricken; in Runden stets rechte Maschen stricken.

Doppelmasche: Nach dem Wenden den Arbeitsfaden vor die Masche legen, von rechts nach links in die erste Masche einstechen, den Faden fest nach hinten ziehen. Dadurch wird die Masche über die Nadel gezogen und liegt nun doppelt. In der folgenden Reihe beide Maschenteile zusammen erfassen und mustergemäß abstricken.

Herz (Tunika und Hose): Laut Zählmuster im Maschenstich sticken.

MASCHENPROBE

Glatt rechts mit Nadeln Nr. 3,5: 22,5 Maschen und 36 Reihen = 10 x 10 cm

So geht's

TUNIKA

Rückenteil: 70 (74/78) Maschen mit Nadeln Nr. 3 in Ecru anschlagen und für die Blende 1 cm = 3 Reihen im Rippenmuster stricken, dabei mit einer Rückreihe beginnen. Dann glatt rechts mit Nadeln Nr. 3,5 in Graugrün weiterarbeiten und für die Seitenschrägungen beidseitig 9x in jeder 6. (abwechselnd in jeder 8. und 6./in jeder 8.) Reihe je 1 Masche abnehmen = 52 (56/60) Maschen. Für die Armausschnitte nach 17 (19/21) cm ab Blende beidseitig 1x 3 Maschen und in jeder 2. Reihe 2x je 1 Masche abketten = 42 (46/50) Maschen. Nach 18,5 (20,5/22,5) cm ab Blende (= nach 6 Reihen ab Armausschnitt) in Lachs weiterarbeiten. Für den Schlitz nach 20 (23/26) cm ab Blende die Arbeit in der Mitte teilen und beide Seiten getrennt beenden, dabei am Schlitzrand ab der folgenden Rückreihe nach der Randmasche die ersten 2 Maschen im Rippenmuster stricken,

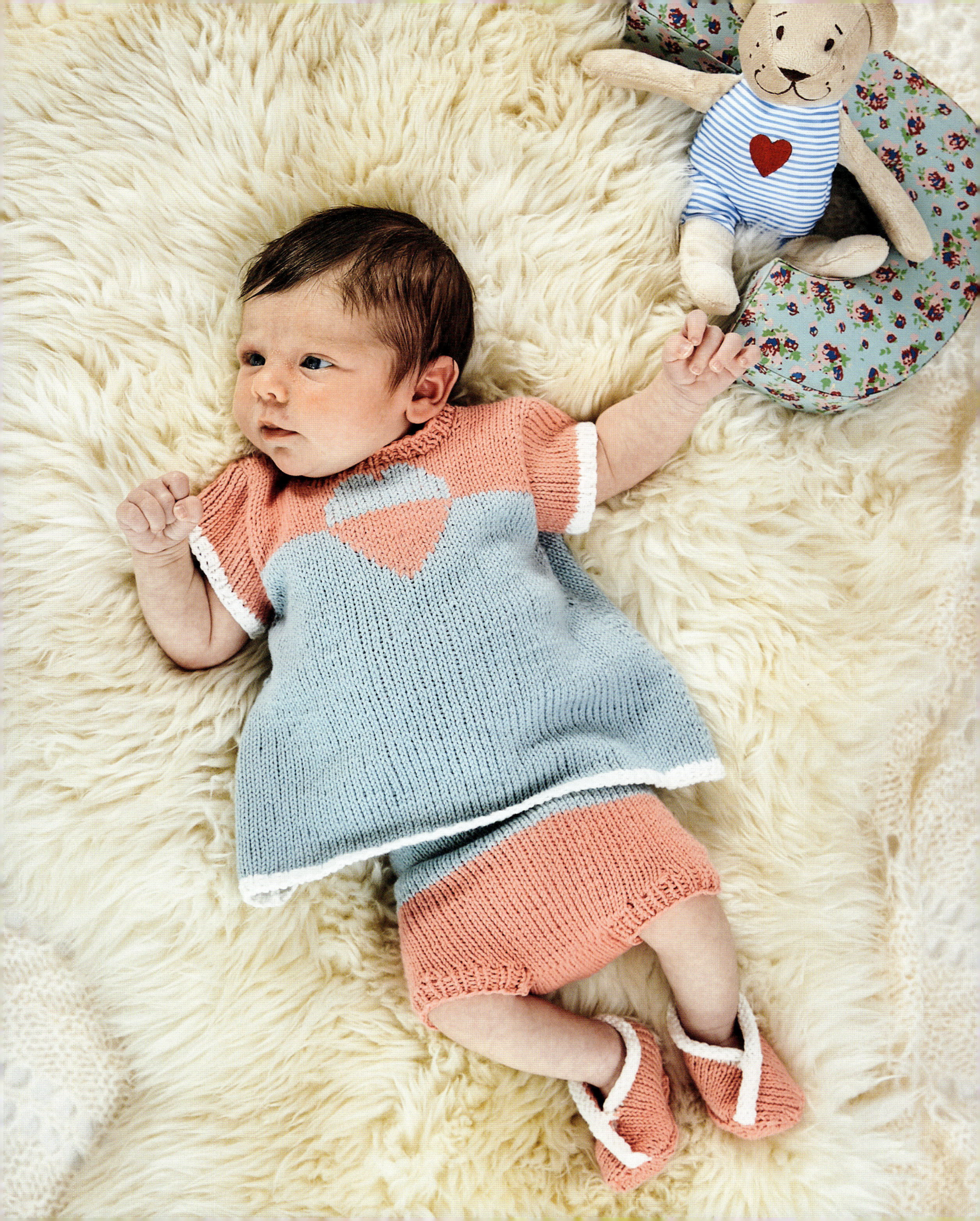

dabei mit 1 Masche links beginnen. Für den Halsausschnitt nach 23 (26/29) cm ab Blende am inneren Rand 5 Maschen abketten, dann in jeder 2. Reihe 1x 2 Maschen und 2x je 1 Masche abketten. Die restlichen 12 (14/16) Schultermaschen nach 25 (28/31) cm ab Blende abketten. Die andere Seite gegengleich beenden.

Vorderteil: Wie das Rückenteil stricken, jedoch ohne Schlitz und für den tieferen Halsausschnitt bereits nach 21 (24/27) cm ab Blende die mittleren 10 Maschen abketten. Für die Rundung am inneren Rand in jeder 2. Reihe 1x 2 Maschen und 1x 1 Masche und in der folgenden 4. Reihe 1x 1 Masche abketten.

Ärmel: 40 (45/49) Maschen mit Nadeln Nr. 3 in Ecru anschlagen und für die Blende 1 cm = 3 Reihen im Rippenmuster stricken, dabei mit 1 Rückreihe beginnen. Dann mit Nadeln Nr. 3,5 glatt rechts in Lachs weiterarbeiten. Für die Armkugel nach 4 cm ab Blende beidseitig 1x 3 Maschen und in jeder 2. Reihe 2x je 3 Maschen abketten. Nach 6 (7) 8 cm ab Blende die restlichen 22 (27) 31 Maschen abketten. Den zweiten Ärmel ebenso stricken.

Fertigstellung: Teile laut Schnitt spannen, anfeuchten und trocknen lassen. Auf das Vorderteil das Herz im Maschenstich sticken, dabei die untere Hälfte in Lachs, die obere in Graugrün arbeiten: Die lachsfarbenen Maschenstiche liegen über dem graugrünen Bereich und umgekehrt. Die Herzspitze liegt 1 Masche rechts der Vorderteilmitte. Schulternähte schließen. Für die Blende in Lachs aus dem Halsausschnitt 63 Maschen mit der Rundstricknadel auffassen und im Rippenmuster stricken, dabei in der Rückreihe mit Randmasche und 1 Masche links, 1 Masche rechts beginnen und gegengleich enden. Außerdem am Ende der 1. Rückreihe für das Knopfloch vor den letzten 3 Maschen 1 Umschlag auf die Nadel nehmen, die folgenden 2 Maschen links zusammenstricken, Randmasche. Nach 3 Reihen ab Auffassen alle Maschen in Maschenrhythmus abketten. Ärmel einsetzen. Seiten- und Ärmelnähte schließen. Knopf annähen.

HOSE

Für den Zwickel 13 (15/17) Maschen in Lachs mit Nadeln Nr. 3,5 anschlagen und glatt rechts stricken. Für die Beinausschnitte beidseitig in jeder 2. Reihe 2x je 2 Maschen, 1x 4 Maschen und 1x 7 (8/9) Maschen dazu anschlagen = 43 (47/51) Maschen. Das Teil stilllegen und einen zweiten Zwickel ebenso arbeiten. Dann alle Maschen auf das Nadelspiel Nr. 3,5 nehmen – 21-22-21-22 Maschen (24-23-24-23 Maschen/26-25-26-25 Maschen) = 86 (94/102) Maschen. Glatt rechts in Runden weiterarbeiten und die 1. Masche am Rundenbeginn sowie die 44. (48./52.) Masche markieren; die Markierungen mitführen. Zur Formgebung beidseitig in der 10. (10./12.) Runde 1x 1 Masche und 3x in jeder 5. (7./8.) Runde je 1 Masche abnehmen, dafür abwechselnd die markierte Masche mit der Masche davor bzw. mit der Masche danach rechts zusammenstricken = 78 (86/94) Maschen. Nach 7,5 (8,5/9,5) cm ab Anschlag in Graugrün weiterarbeiten. Nach 8,5 (9,5/10,5) cm ab Anschlag die Arbeit in Vorder- und Rückenteil teilen und für die Erhöhung der Hinterhose nur über das Rückenteil in verkürzten Reihen weiterarbeiten. Dafür beidseitig 3x je 3 Maschen weniger stricken und jeweils mit 1 Doppelmasche wenden. Danach über alle Maschen von Vorder- und Rückenteil 1 Runde rechte Maschen stricken. Bei einer Vorderteilhöhe von 13 (15/17) cm ab Anschlag 1 Runde linke Maschen (= Umbruch) und noch 2 cm glatt rechts stricken, dann alle Maschen abketten.

Fertigstellung: In der rückwärtigen Mitte das Herz im Maschenstich aufsticken, dabei liegen die graugrünen Maschenstiche über dem lachsfarbenen Bereich und umgekehrt. Teil laut Schnitt spannen, anfeuchten und trocknen lassen. Zwickelnaht schließen. Für die Blenden aus den Beinausschnitten je 36 (38/40) Maschen in Lachs mit dem Nadelspiel Nr. 3 auffassen und 4 Runden im Rippenmuster stricken, dann alle Maschen in Maschenrhythmus abketten. Den Bund zur Hälfte nach innen umschlagen und annähen, dabei eine kleine Öffnung lassen. Gummiband einziehen und die Öffnung schließen.

MÜTZE

75 (80/85) Maschen in Ecru mit Spielnadeln Nr. 3,5 anschlagen, gleichmäßig auf vier Spielnadeln verteilen – 19-19-19-18 Maschen (20 Maschen pro Nadel/21-21-21-22 Maschen) – und glatt rechts stricken. Nach 2 cm ab Anschlag in Lachs weiterarbeiten. Nach 11 (12/13) cm ab Anschlag

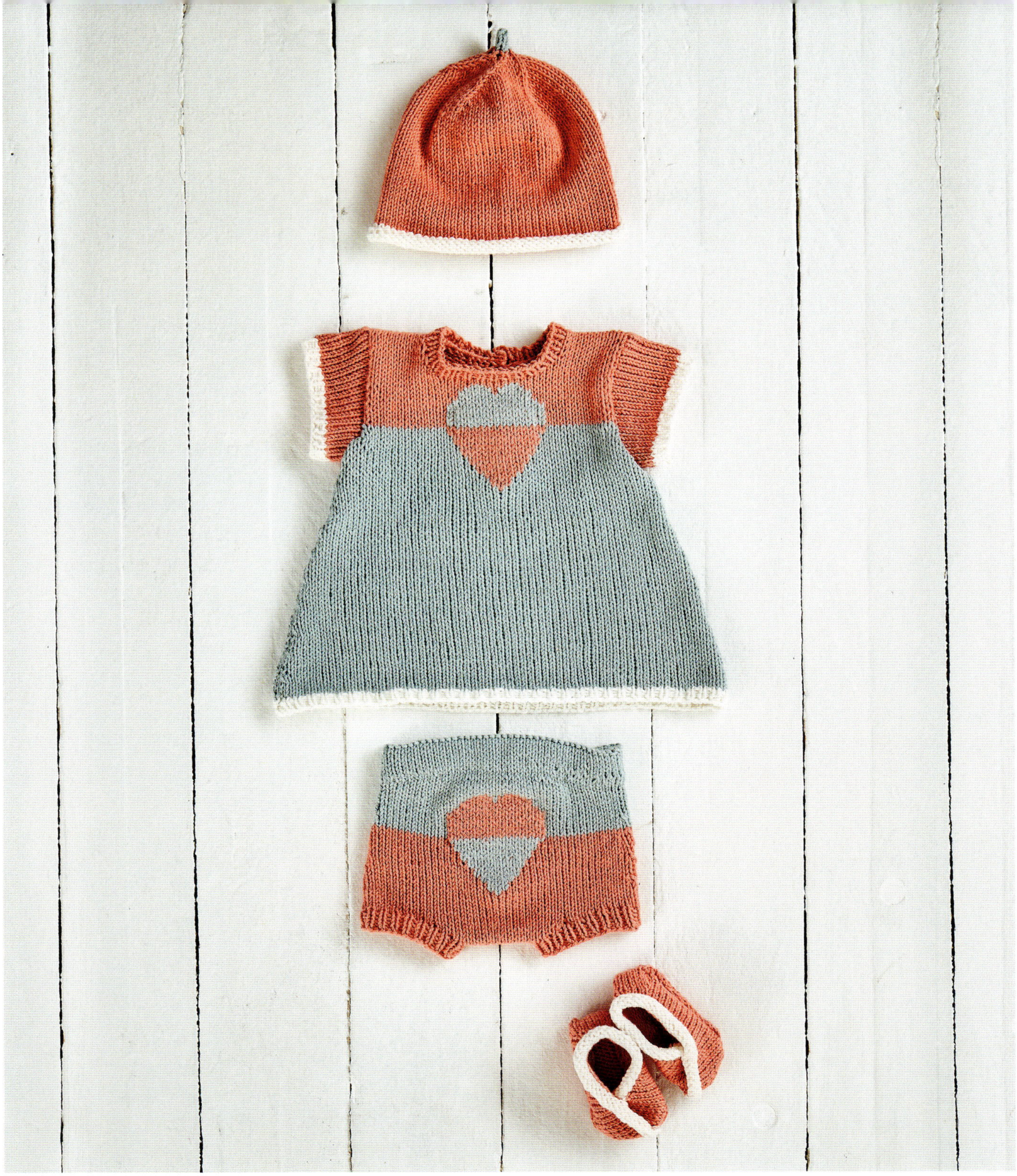

gleichmäßig verteilt 5x je 1 Masche abnehmen, dazu jede 14. und 15. (15. und 16./16. und 17.) Masche rechts zusammenstricken = 70 (75/80) Maschen. Diese Abnahmen über den bisherigen Abnahmestellen noch 2x (3x/4x) in jeder 2. Runde und 11x in jeder Runde genauso arbeiten. Über die restlichen 5 Maschen noch 2 cm in Graugrün stricken, dann die Maschen mit dem Faden zusammenziehen.

SCHUHE

9 (10/10) Maschen mit Nadeln Nr. 3,5 in Lachs anschlagen und glatt rechts stricken, dabei in den nachfolgend beschriebenen Reihen wie folgt angegeben arbeiten:

3. und 5. Reihe: Jeweils beidseitig je 1 Masche zunehmen (= rechts verschränkt aus dem Querfaden herausstricken) = 13 (14/14) Maschen.

27. Reihe: Randmasche, 2 Maschen rechts zusammenstricken, 7 Maschen rechts, 2 Maschen rechts überzogen zusammenstricken (= 1 Masche wie zum Rechtsstricken abheben, 1 Masche rechts stricken, dann die abgehobene Masche überziehen), Randmasche = 11 (12/12) Maschen.

29. Reihe: Randmasche, 2 Maschen rechts zusammenstricken, 5 Maschen rechts, 2 Maschen rechts überzogen zusammenstricken, Randmasche = 9 (10/10) Maschen.

33. Reihe: Randmasche, 2 Maschen rechts zusammenstricken, 3 Maschen rechts, 2 Maschen rechts überzogen zusammenstricken, Randmasche = 7 (8/8) Maschen.

34. Reihe: 19 (21/23) Maschen neu anschlagen (für jede Masche in die letzte Masche von vorn einstechen, Faden durchholen und diese Schlinge auf die linke Nadel legen), diese 19 (21/23) Maschen links stricken, dann die vorhandenen 7 (8/8) Maschen links stricken = 26 (29/31) Maschen.

35. Reihe: 19 (21/23) Maschen neu anschlagen, dann die 26 (29/31) Maschen rechts stricken = 45 (50/54) Maschen.

37. Reihe: Beidseitig je 1 Masche zunehmen = 47 (52/56) Maschen.

39. Reihe: Randmasche, 1 Masche zunehmen, 18 (20/22) Maschen rechts, 2 Maschen rechts zusammenstricken, 5 (6/6) Maschen rechts, 2 Maschen rechts überzogen zusammenstricken, 18 (20/22) Maschen rechts, 1 Masche zunehmen, Randmasche = 47 (52/56) Maschen.

41. Reihe: Randmasche, 2 Maschen rechts zusammenstricken, 17 (19/21) Maschen rechts, 2 Maschen rechts zusammenstricken, 3 (4/4) Maschen rechts, 2 Maschen rechts überzogen zusammenstricken, 17 (19/21) Maschen rechts, 2 Masche rechts überzogen zusammenstricken, Randmasche = 43 (48/52) Maschen.

47.–50. Reihe: In Ecru glatt rechts stricken.

Dann alle Maschen abketten.

ZÄHLMUSTER HERZ

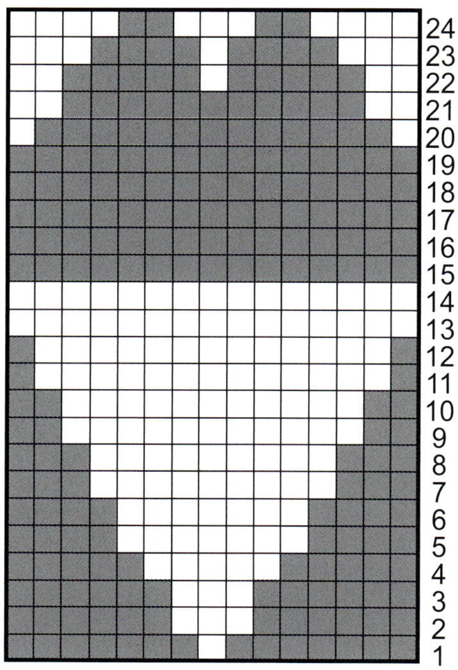

ZEICHENERKLÄRUNG

□ = 1 Masche in Lachs bzw. Graugrün

■ = 1 Maschenstich in Graugrün bzw. Lachs

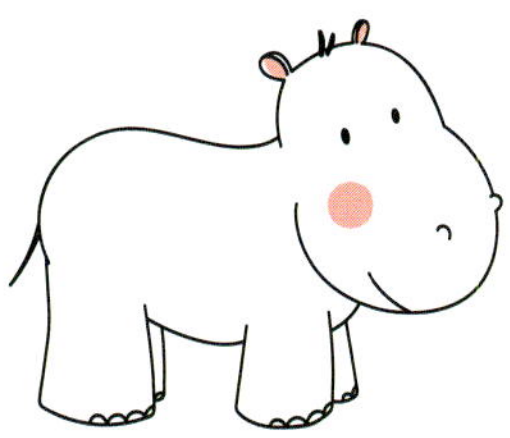

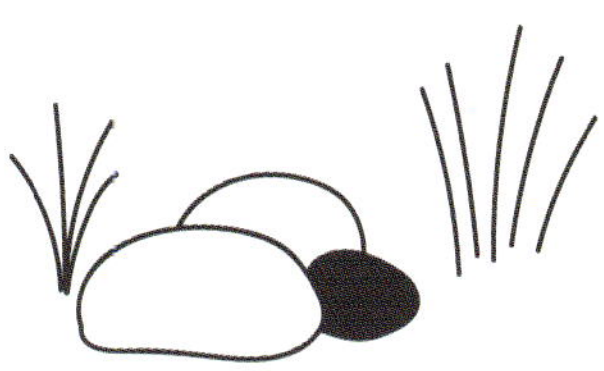

½ VORDER- UND RÜCKENTEIL

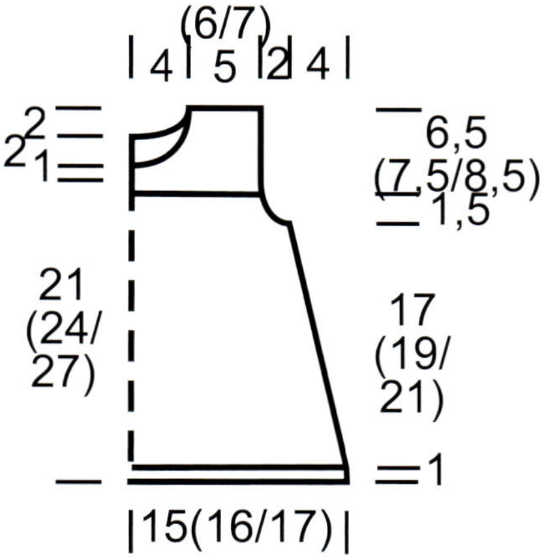

½ ÄRMEL

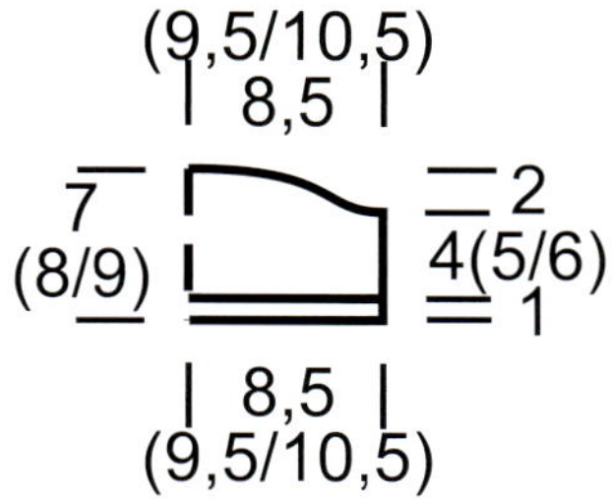

½ HOSE

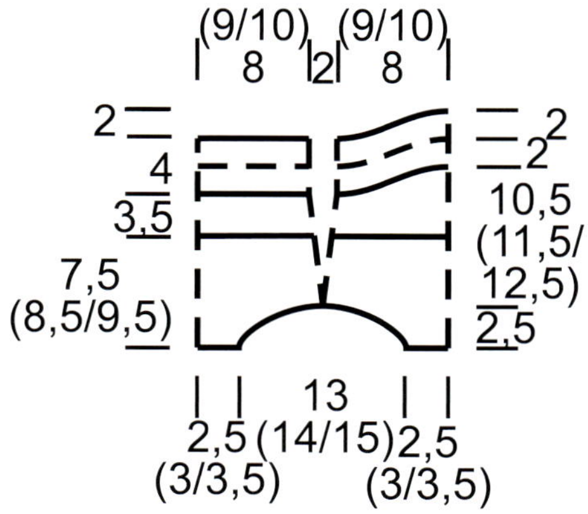

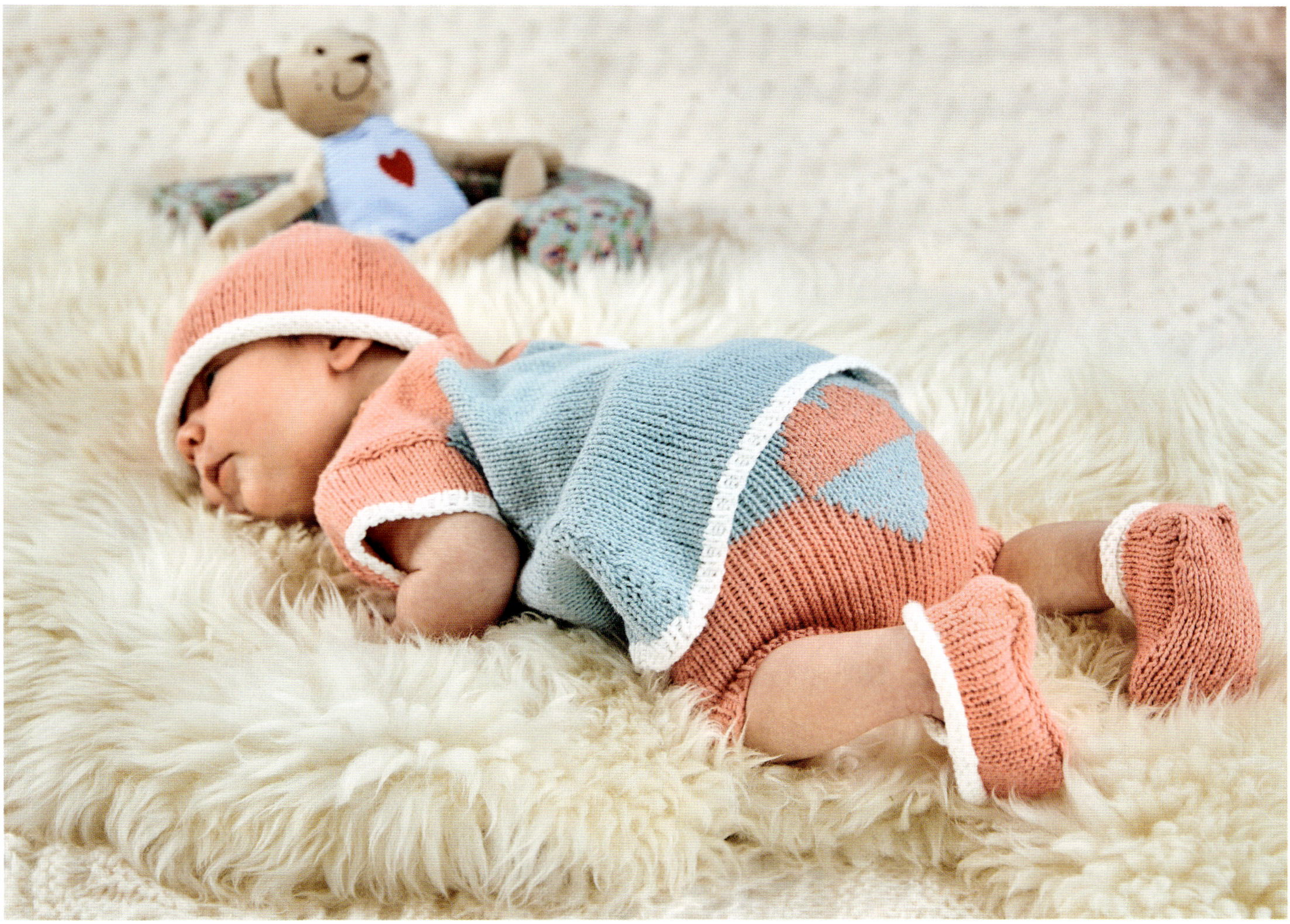

Schneeweiß

Kleid, Jacke, Hose, Mütze und Schuhe

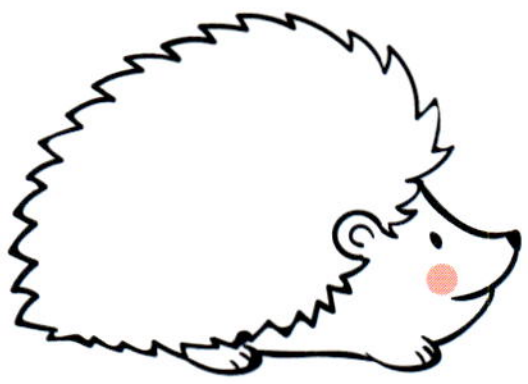

Kleid, Jacke und Hose: Größe 56/62, 68/74 und 80/86
Mütze: Kopfumfang 33–35 cm, 36–38 cm und 39–41 cm
Schuhe: 8 cm, 9 cm und 10 cm Sohlenlänge
Die Angaben für die größeren Größen stehen in Klammern.
Steht nur eine Angabe, so gilt diese für alle Größen.
Schwierigkeitsgrad ♡ ♡

MATERIAL

- Lang Yarns »Baby Cotton« (100 % Baumwolle, Lauflänge 180 m/50 g): 250 g Weiß
- Stricknadeln Nr. 3
- Nadelspiel Nr. 3
- 7 Perlenknöpfe

MUSTER

Rippenmuster: Ungerade Maschenzahl. Zwischen den Randmaschen 1 Masche rechts, 1 Masche links im Wechsel stricken, mit 1 Masche rechts und Randmasche enden. In den Rückreihen die Maschen stricken, wie sie erscheinen.

Ajourmuster A (Kleid und Jacke): Maschenzahl teilbar durch 16 + 2 Randmaschen. Laut Strickschrift A stricken. Es sind nur die Hinreihen gezeichnet. In den Rückreihen alle Maschen links stricken, die Umschläge 1x links und 1x links verschränkt abstricken. Zwischen den Randmaschen den Mustersatz stets wiederholen. Die 1.–20. Reihe stets wiederholen.

Ajourmuster B (Mütze): Maschenzahl teilbar durch 10. Laut Strickschrift B stricken. Es sind nur die ungeraden Runden gezeichnet. In den geraden Runden die Maschen stricken, wie sie erscheinen, Umschläge rechts stricken. Den Mustersatz von 10 Maschen sowie die 1.–12. Runde stets wiederholen.

Glatt rechts: In Hinreihen rechte Maschen, in Rückreihen linke Maschen stricken; in Runden stets rechte Maschen stricken.

Mäusezähnchenrand:
1.–4. Reihe: Glatt rechts stricken. 5. Reihe: Zwischen den Randmaschen abwechselnd 2 Masche rechts zusammenstricken und 1 Umschlag stricken. 6.–8. Reihe: Glatt rechts stricken.

Betonte Abnahmen:
Am rechten Rand: Randmasche, 2 Maschen rechts überzogen zusammenstricken (= 1 Masche wie zum Rechtsstricken abheben, 1 Masche rechts stricken, dann die abgehobene Masche überziehen).
Am linken Rand: 2 Masche rechts zusammenstricken, Randmasche.

Kettrand: Die 1. Masche rechts verschränkt stricken, die letzte Masche links abheben, dabei den Faden vor der Masche weiterführen.

Kraus rechts: In Hin- und Rückreihen rechte Maschen stricken.

MASCHENPROBEN

Rippenmuster: 30 Maschen und 34 Reihen = 10 x 10 cm
Ajourmuster A: 24,5 Maschen und 34 Reihen = 10 x 10 cm

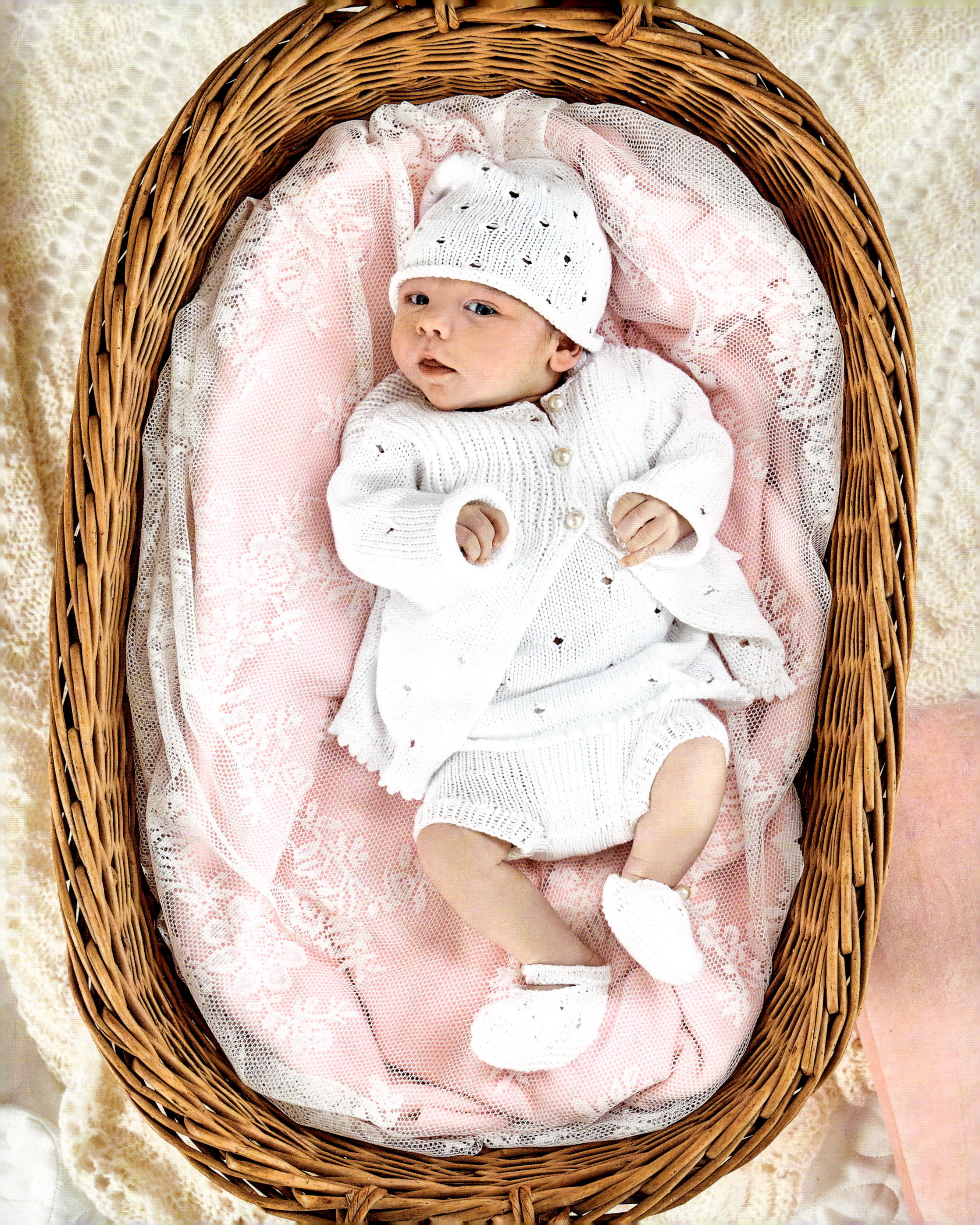

Ajourmuster B: 24,5 Maschen und 34 Runden = 10 x 10 cm
Glatt rechts: 24,5 Maschen und 34 Reihen = 10 x 10 cm
Grundmuster Schuhe: 24,5 Maschen und 34 Reihen = 10 x 10 cm

So geht's

KLEID

Vorderteil: 66 (74/84) Maschen anschlagen und den Mäusezähnchenrand stricken. Danach im Ajourmuster A weiterarbeiten, dabei für Größe 80/86 nach der Randmasche mit der letzten Masche des Mustersatzes beginnen, dann den Mustersatz stets wiederholen und mit der ersten Masche des Mustersatzes und der Randmasche enden. Nun zur Formgebung beidseitig 5x (6x/7x) in jeder 12. Reihe je 1 Masche betont abnehmen = 56 (62/70) Maschen. Nach 22 (25/28) cm ab Anschlag im Rippenmuster weiterarbeiten, dabei in der 1. Reihe gleichmäßig verteilt 7 (7/9) Maschen abnehmen = 49 (55/61) Maschen. Nach 5 (6/7) cm im Rippenmuster alle Maschen abketten.

Rückenteil: Wie das Vorderteil stricken, jedoch für den Halsausschnitt nach 7 (8/9) cm im Rippenmuster die mittleren 27 (33/39) Maschen abketten und beide Seiten getrennt beenden = je 11 Maschen für die Träger. Nach 12,5 (13,5/14,5) cm im Rippenmuster für die beiden Knopflöcher wie folgt stricken: 5 Maschen stricken, 1 Umschlag, 2 Maschen mustergemäß zusammenstricken, 5 Maschen stricken. Nach 13,5 (14,5/15,5) cm im Rippenmuster alle Maschen abketten. Den zweiten Träger genauso stricken.

Fertigstellung: Teile laut Schnitt spannen, anfeuchten und trocknen lassen. Seitennähte schließen. Den Mäusezähnchenrand an der Lochreihe nach hinten umschlagen und annähen. Knöpfe ca. 3 cm von der Seitennaht entfernt annähen.

JACKE

Rückenteil: 64 (68/74) Maschen anschlagen und den Mäusezähnchenrand stricken. Danach im Ajourmuster A weiterarbeiten, dabei nach der Randmasche mit den letzten 3 (5/8) Maschen des Mustersatzes beginnen. Nun zur Formgebung beidseitig 3x in jeder 14. Reihe (4x in jeder 12. Reihe/5x in jeder 12. Reihe) je 1 Masche betont abnehmen = 58 (60/64) Maschen. Nach 18 (20/22) cm ab Anschlag im Rippenmuster weiterarbeiten, dabei in der 1. Reihe gleichmäßig verteilt 5 (3/3) Maschen abnehmen = 53 (57/61) Maschen. Nach 9,5 (10,5/11,5) cm im Rippenmuster für den Halsausschnitt die mittleren 31 Maschen abketten und beide Seiten getrennt beenden. Die restlichen 11 (13/15) Schultermaschen nach 10 (11/12) cm im Rippenmuster abketten.

Linkes Vorderteil: 36 (38/40) Maschen anschlagen und den Mäusezähnchenrand stricken. Danach in folgender Mascheneinteilung stricken: Randmasche, 29 (31/33) Maschen Ajourmuster A, dabei mit den letzten 5 (7/9) Maschen des Mustersatzes beginnen, den Mustersatz 1x stricken und mit den ersten 8 Maschen des Mustersatzes enden, 5 Maschen Rippenmuster, dabei mit 1 Masche links beginnen, Randmasche = 6 Maschen Blende. Nun zur Formgebung am rechten Rand 3x in jeder 14. Reihe (4x in jeder 12. Reihe/5x in jeder 12. Reihe) je 1 Masche betont abnehmen = 33 (34/35) Maschen. Nach 18 (20/22) cm ab Anschlag im Rippenmuster weiterarbeiten, dabei in der 1. Reihe gleichmäßig verteilt 4 (3/2) Maschen abnehmen = 29 (31/33) Maschen. Nach 7 (8/9) cm im Rippenmuster für den Halsausschnitt am linken Rand 8 Maschen abketten und für die Rundung in jeder 2. Reihe 1x 4 Maschen, 1x 3 Maschen, 1x 2 Maschen und 1x 1 Masche abketten. Die restlichen 11 (13/15) Schultermaschen nach 10 (11/12) cm im Rippenmuster abketten.

Rechtes Vorderteil: Wie das linke Vorderteil, jedoch gegengleich stricken. Nach dem Mäusezähnchenrand die Maschen wie folgt einteilen: Randmasche + 5 Maschen Rippenmuster, dabei mit 1 Masche links beginnen = 6 Maschen Blende, 29 (31/33) Maschen Ajourmuster A, dabei den Mustersatz 1x (1x/2x) stricken und mit den ersten 13 Maschen (den ersten 15 Maschen/der 1. Masche) des Mustersatzes enden, Randmasche. Außerdem in der ersten Rippenmusterreihe das erste Knopfloch arbeiten: 2 Ma-

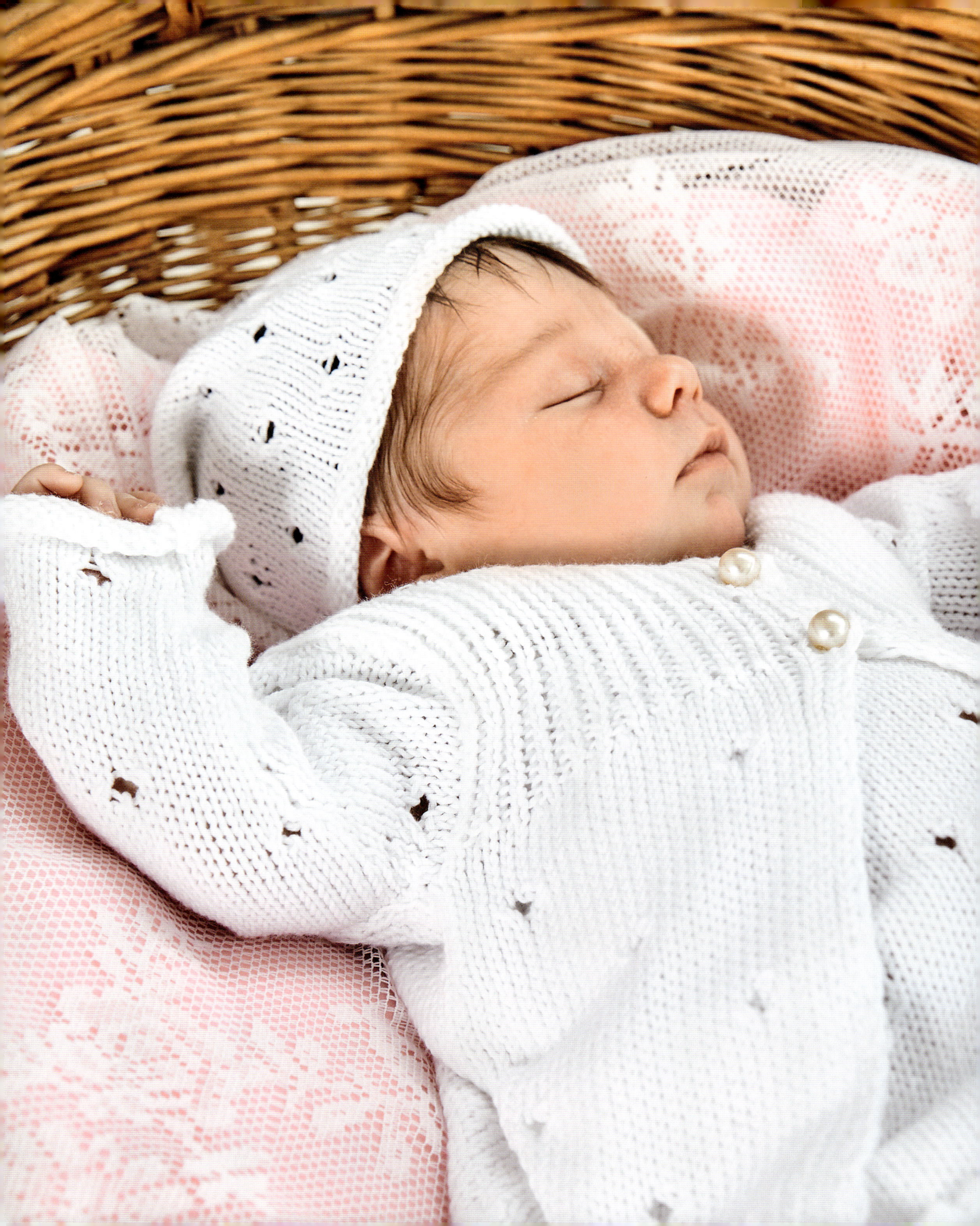

schen stricken, 1 Umschlag, 2 Maschen links zusammenstricken. Die folgenden zwei Knopflöcher mit je 3 cm Abstand ebenso arbeiten.

Ärmel: 36 (38/40) Maschen anschlagen und für den Rollrand 1,5 cm glatt rechts stricken. Danach im Ajourmuster A arbeiten, dabei nach der Randmasche mit den letzten 9 (10/11) Maschen des Mustersatzes beginnen, den Mustersatz 1x stricken und mit den ersten 9 (10/11) Maschen des Mustersatzes und der Randmasche enden. Für die Ärmelschrägungen beidseitig 1x in der 9. (7./7.) Reihe des Ajourmusters und 6x (8x/10x) in jeder 6. Reihe je 1 Masche mustergemäß zunehmen = 50 (56/62) Maschen. Nach 17 (19/21) cm ab Anschlag alle Maschen abketten. Den zweiten Ärmel ebenso stricken.

Fertigstellung: Teile laut Schnitt spannen, anfeuchten und trocknen lassen. Ärmel einsetzen. Seiten- und Ärmelnähte schließen. Für die kleine Blende aus dem Halsausschnitt des rechten Vorderteils 16 Maschen, aus dem rückwärtigen Ausschnittrand 26 Maschen und aus dem Halsausschnitt des linken Vorderteils 16 Maschen auffassen = 58 Maschen. Die folgende Reihe links stricken und die Maschen gleich abketten. Den Mäusezähnchenrand an der Lochreihe nach hinten umschlagen und annähen. Knöpfe annähen.

HOSE

Die Hose in einem Stück stricken: Für den Zwickel 15 (17/19) Maschen anschlagen und glatt rechts stricken, dabei mit einer Rückreihe beginnen. Für die Beinausschnitte beidseitig in jeder 2. Reihe 2x je 2 Maschen, 2x je 3 Maschen und 1x 6 (7/8) Maschen dazu anschlagen = 47 (51/55) Maschen. Die Maschen stilllegen und den zweiten Zwickel genauso arbeiten. Dann die stillgelegten Maschen auf das Nadelspiel nehmen = 94 (102/110) Maschen – 23-24-23-24 Maschen (25-26-25-26 Maschen/ 27-28-27-28 Maschen). In Runden weiterarbeiten. Die Seitenlinien markieren: die 1. Masche und die 48. (52./56.) Masche. Zur Formgebung an den Seitenlinien 6x in jeder 4. (5./abwechselnd in jeder 4. und 5.) Runde je 1 Masche abnehmen; dafür abwechselnd die markierte Masche mit der Masche davor bzw. mit der Masche danach rechts zusammenstricken = 82 (90/98) Maschen. Nach 11 (12/13) cm ab Anschlag zur Erhöhung der Hinterhose nur über dem rückwärtigen Hosenteil in verkürzten Reihen stricken. Dafür beidseitig 3x je 3 Maschen weniger stricken und mit 1 Umschlag wenden. Danach 1 Runde über alle 82 (90/98) Maschen stricken, dabei die ersten 3 Umschläge jeweils mit der Masche davor überzogen zusammenstricken (= 1 Masche wie zum Rechtsstricken abheben, den Umschlag rechts stricken, dann die abgehobene Masche überziehen) bzw. mit der Masche danach rechts zusammenstricken. Für den Bund 2 cm glatt rechts, dann 1 Runde linke Maschen (= Umbruch) und noch 2 cm glatt rechts stricken. Alle Maschen abketten.

Fertigstellung: Teil laut Schnitt spannen, anfeuchten und trocknen lassen. Für die Blenden aus den Beinausschnitten je 44 (48/52) Maschen mit der Rundstricknadel auffassen und 2 cm im Rippenmuster stricken. Alle Maschen abketten. Zwickel- und Blendennaht schließen. Den Bund zur Hälfte nach innen umschlagen und annähen, dabei eine kleine Öffnung lassen. Gummiband einziehen und die Öffnung schließen.

MÜTZE

80 (88/96) Maschen anschlagen, auf vier Spielnadeln verteilen – 20 (22/24) Maschen pro Nadel – und für den Rollrand 2 cm in Runden glatt rechts stricken. Danach im Ajourmuster B weiterarbeiten. Nach 12 (13/14) cm ab Anschlag glatt rechts weiterstricken und zur Formgebung gleichmäßig verteilt 8 Maschen abnehmen (= 2 Maschen rechts zusammenstricken) = 72 (80/88) Maschen. Diese Abnahmen über den gleichen Abnahmestellen noch 4x (5x/6x) in jeder 2. Runde und 4x in jeder Runde arbeiten. Die restlichen 8 Maschen mit dem Faden zusammenziehen.

SCHUHE

In der Sohlenmitte beginnen. 37 (41/45) Maschen anschlagen und kraus rechts stricken. Die mittlere Masche markieren. Die Zunahmen in der folgenden 2. Reihe wie folgt arbeiten: Randmasche, 1 Masche rechts verschränkt aus dem Querfaden herausstricken, 17 (19/21) Maschen kraus rechts, 1 Masche rechts verschränkt aus dem Querfaden herausstricken, 1 Masche kraus rechts = Mittelmasche, 1 Masche rechts verschränkt aus dem Querfaden

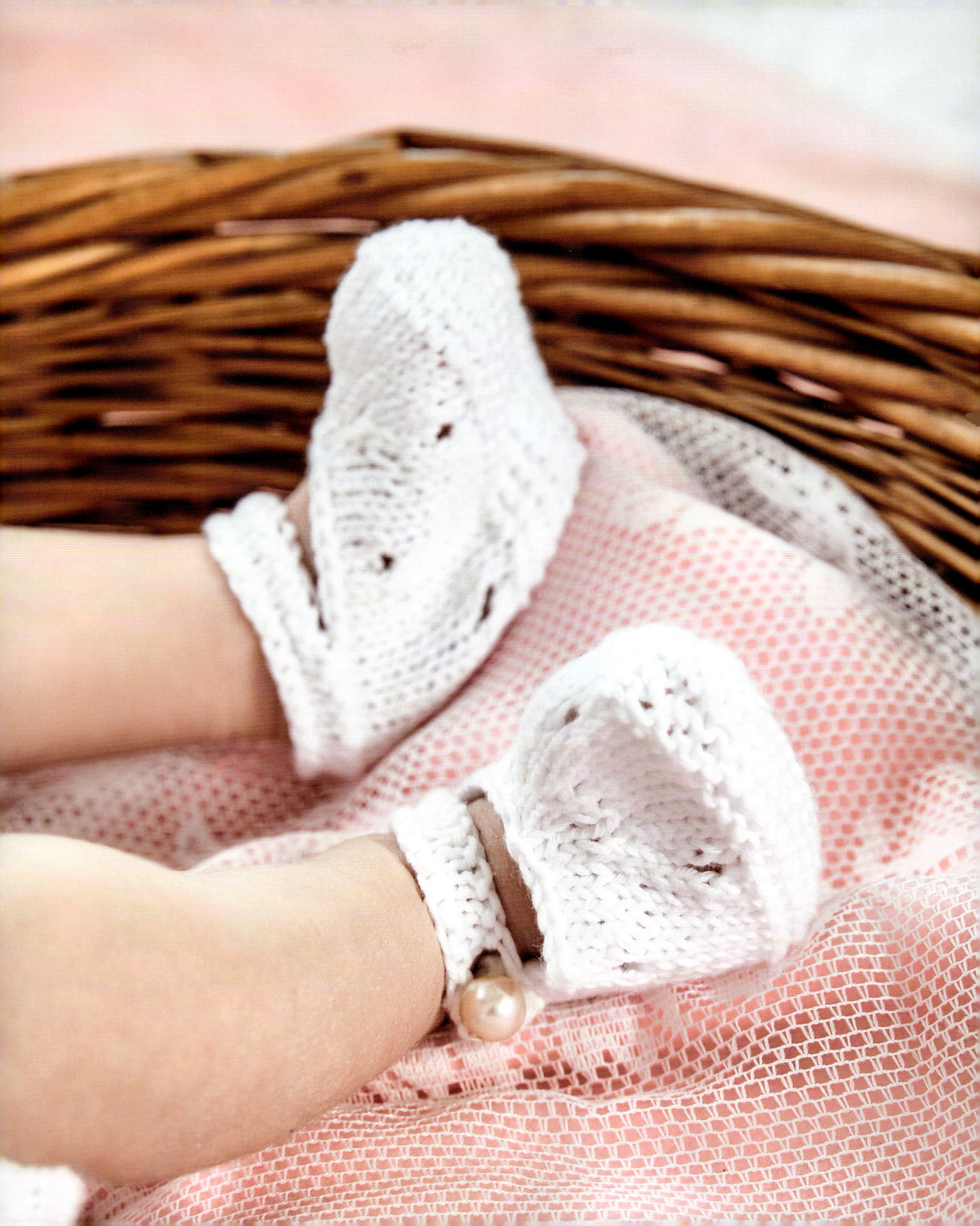

herausstricken, 17 (19/21) Maschen kraus rechts, 1 Masche rechts verschränkt aus dem Querfaden herausstricken, Randmasche = 41 (45/49) Maschen. Diese Zunahmen in jeder 2. Reihe noch 4x (5x/6x) an den gleichen Stellen arbeiten, d. h. nach und vor der Randmasche je 1 Masche und außerdem beidseitig der Mittelmasche je 1 Masche rechts verschränkt aus dem Querfaden herausstricken = 4 Maschen pro Zunahmereihe zunehmen = 57 (61/65) Maschen. Nun glatt rechts weiterstricken. Dabei für das Lochmuster und die Formung der Spitze in den angegebenen Reihen wie folgt arbeiten:

3. Reihe: Randmasche, 7 Maschen rechts (9 Maschen rechts/1 Masche rechts, 1 Umschlag, 2 Maschen rechts zusammenstricken, 8 Maschen rechts), 1 Umschlag, 2 Maschen rechts zusammenstricken, * 8 Maschen rechts, 1 Umschlag 2 Maschen rechts zusammenstricken, ab * 3x wiederholen, 7 Maschen rechts (9 Maschen rechts/8 Maschen rechts, 1 Umschlag, 2 Maschen rechts zusammenstricken, 1 Maschen rechts), Randmasche.

7. Reihe: Randmasche, 17 (19/21) Maschen rechts, 5x 2 Maschen rechts zusammenstricken, 1 Masche rechts, 5x 2 Maschen rechts zusammenstricken, 17 (19/21) Maschen rechts, Randmasche = 47 (51/55) Maschen.

9. Reihe: Randmasche, 2 (4/6) Maschen rechts, 1 Umschlag, 2 Maschen rechts zusammenstricken, 8 Maschen rechts, 1 Umschlag, 2 Maschen rechts zusammenstricken, 3 Maschen rechts, 2 Maschen rechts zusammenstricken, 1 Masche rechts, ab * 2x wiederholen, 2 Maschen rechts zusammenstricken, 4 Maschen rechts, 1 Umschlag, 2 Maschen rechts zusammenstricken, 8 Maschen rechts, 1 Umschlag, 2 Maschen rechts zusammenstricken, 1 (3/5) Maschen rechts, Randmasche = 44 (48/52) Maschen.

13. Reihe: Alle Maschen abketten, dabei über den mittleren 9 Maschen vor dem Abketten 2x 2 Maschen rechts zusammenstricken, 1 Masche rechts, 2x 2 Maschen rechts zusammenstricken. Den zweiten Schuh ebenso arbeiten.

Fertigstellung: Die Schuhe zur Hälfte legen und die Sohlen- und die Fersennaht schließen. Für den Riegel des rechten Schuhs 9 (10/11) Maschen vor und 9 (10/11) Maschen nach der Fersennaht = 18 (20/22) Maschen auffassen und 16 (18/20) Maschen dazu anschlagen = 34 (38/42) Maschen. Eine Rückreihe rechte Maschen stricken. 1 Reihe rechts stricken, dabei vor den letzten 3 Maschen für das Knopfloch 1 Umschlag auf die Nadel nehmen, 2 Maschen rechts zusammenstricken, Randmasche. 1 Reihe links stricken. Dann alle Maschen links abketten. Für den Riegel des linken Schuhs 16 (18/20) Maschen – am besten durch Aufstricken – anschlagen und vor und nach der Fersennaht je 9 (10/11) Maschen auffassen = 34 (38/42) Maschen. Weiter wie den rechten Riegel stricken, jedoch für das Knopfloch die 2. und 3. Masche rechts zusammenstricken und 1 Umschlag arbeiten. Knöpfe annähen.

KLEID: ½ VORDER- UND RÜCKENTEIL

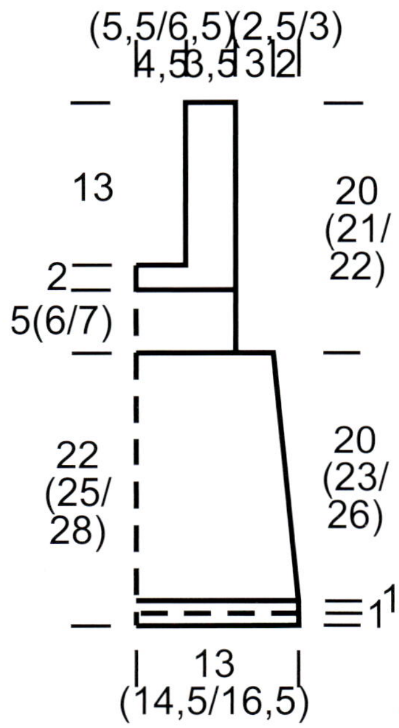

JACKE: ½ RÜCKEN- UND LINKES VORDERTEIL

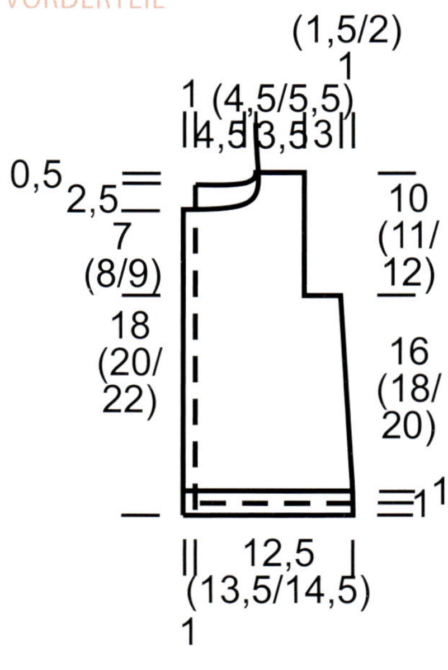

JACKE: ½ ÄRMEL

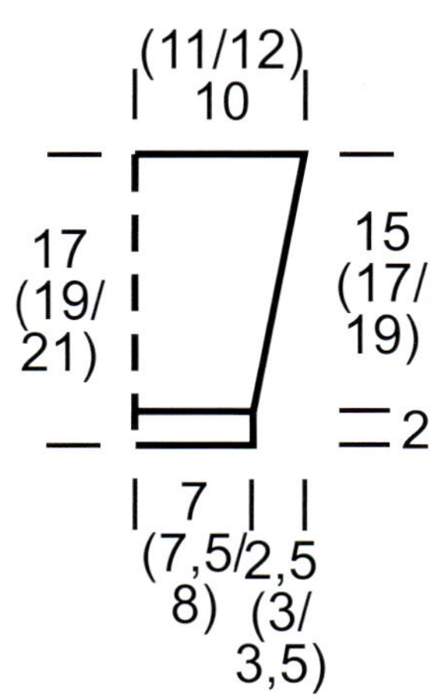

½ HOSE

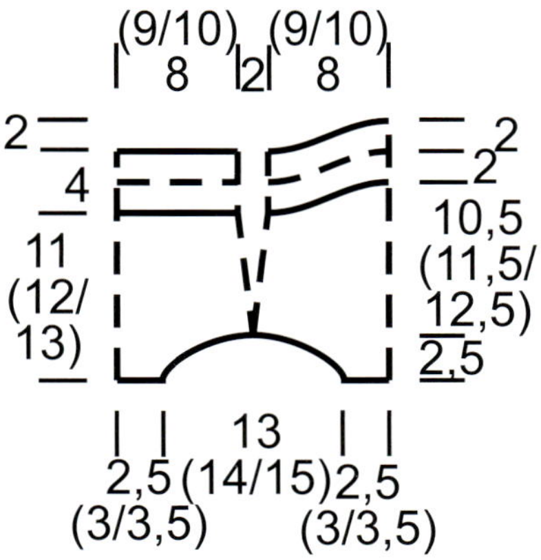

STRICKSCHRIFT A

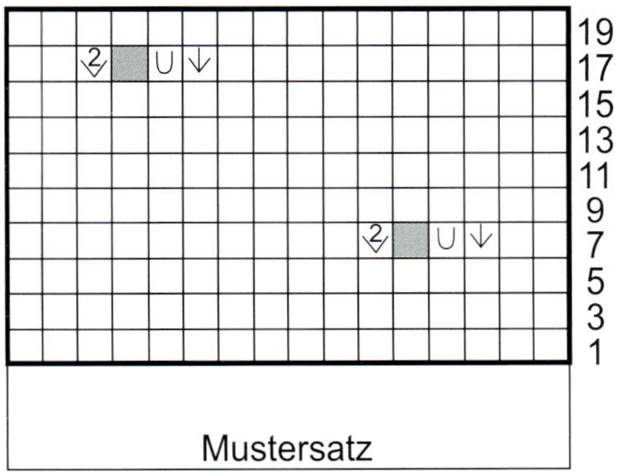

STRICKSCHRIFT B

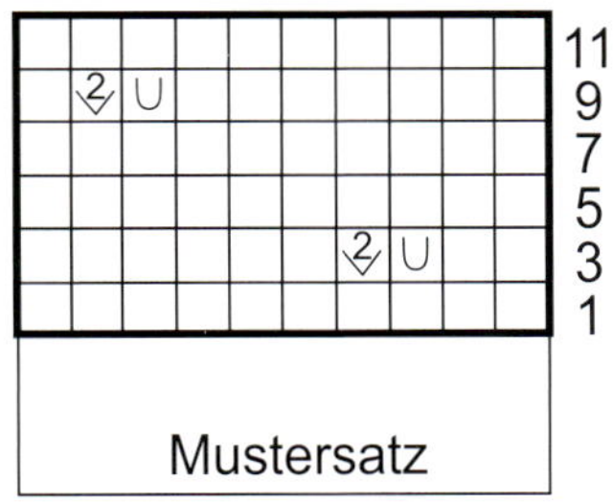

ZEICHENERKLÄRUNG

☐ = 1 Masche rechts

U = 1 Umschlag (Strickschrift A: In der Rückreihe den Umschlag 1x links und 1x links verschränkt abstricken)

2 = 2 Maschen rechts zusammenstricken

↓ = 2 Maschen rechts überzogen zusammenstricken (= 1 Masche wie zum Rechtsstricken abheben, 1 Masche rechts stricken, dann die abgehobene Masche überziehen)

■ = Masche nicht vorhanden, dient der besseren Übersicht

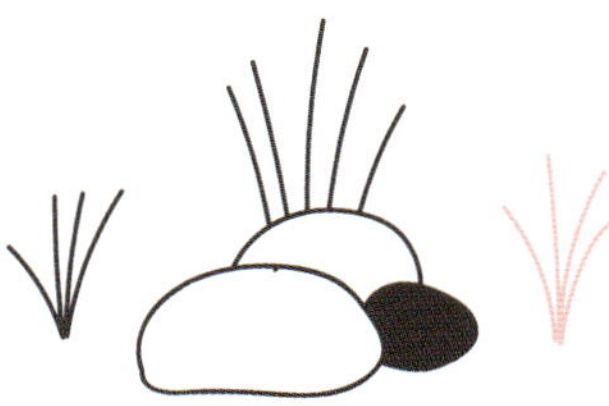

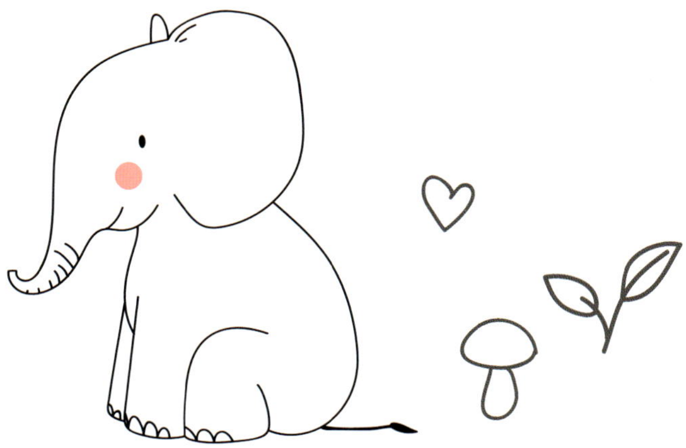

Grundkurs Stricken

Maschenanschlag

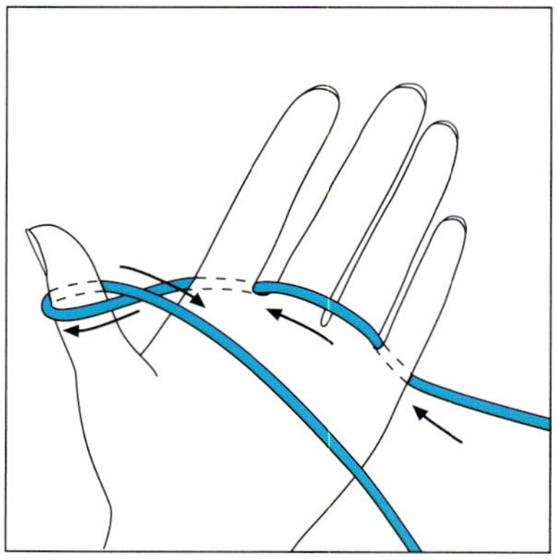

Das Fadenende zwischen kleinem Finger und Ringfinger von außen nach innen, zwischen Mittelfinger und Zeigefinger nach außen und von vorn um den Daumen legen.

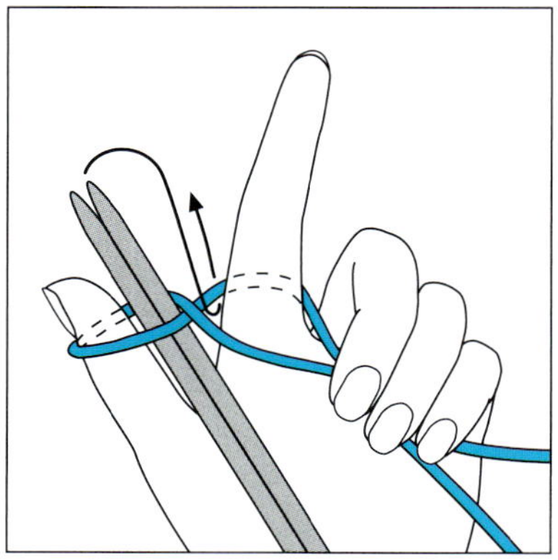

Mit zwei Nadeln von unten nach oben in die Daumenschlinge einstechen und unter dem hinten liegenden Faden durchführen.

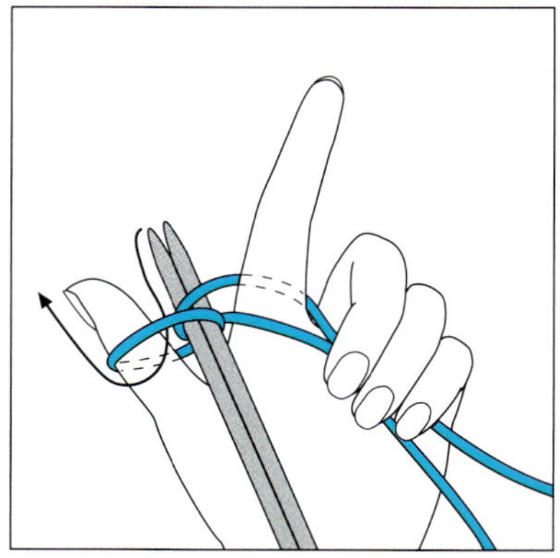

Dann mit den Nadeln den Faden der Zeigefingerschlinge erfassen und durch die Daumenschlinge holen.

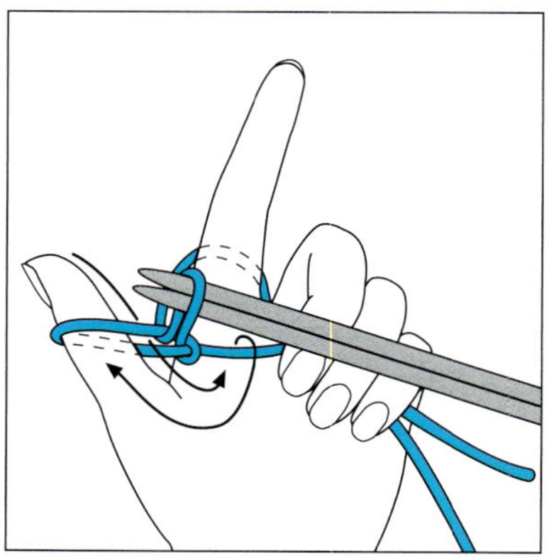

Den Daumen aus der Schlinge ziehen und unter den vorderen Faden führen.

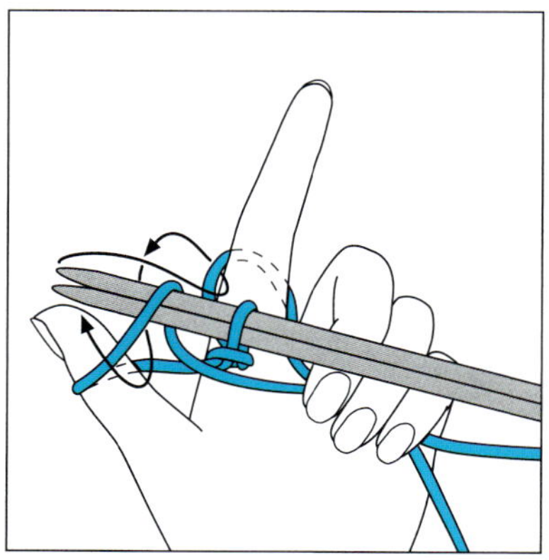

Mit dem Daumen die Schlinge festziehen. Dann erneut von unten nach oben in die Daumenschlinge einstechen, den Faden der Zeigefingerschlinge erfassen und durch die Daumenschlinge holen.

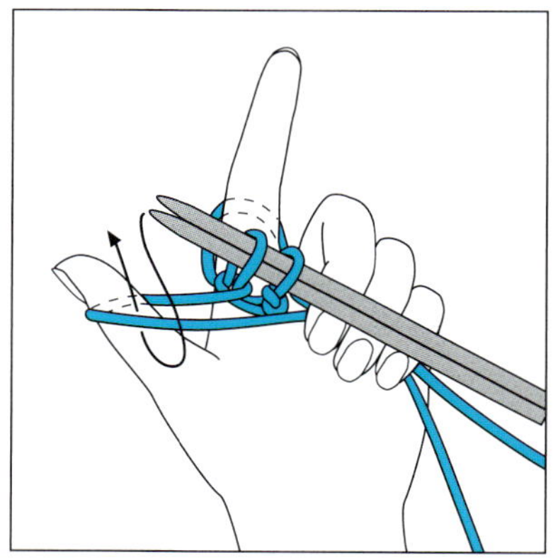

Nach Anschlag der gewünschten Maschenzahl die zweite Nadel herausziehen.

Rechte Maschen

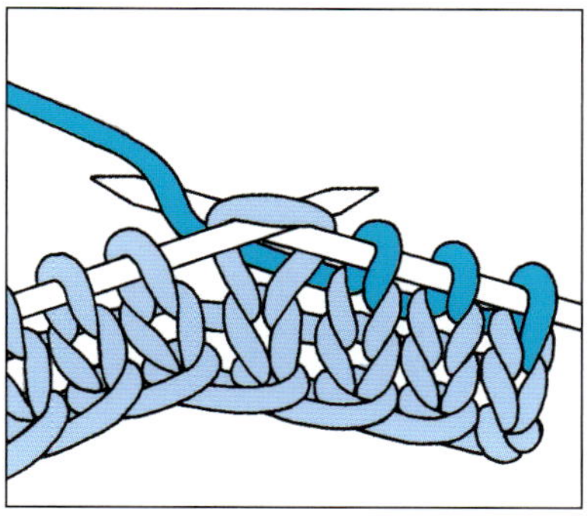

Der Faden ist hinter der Arbeit. Mit der rechten Nadel von vorn nach hinten in die Masche einstechen.

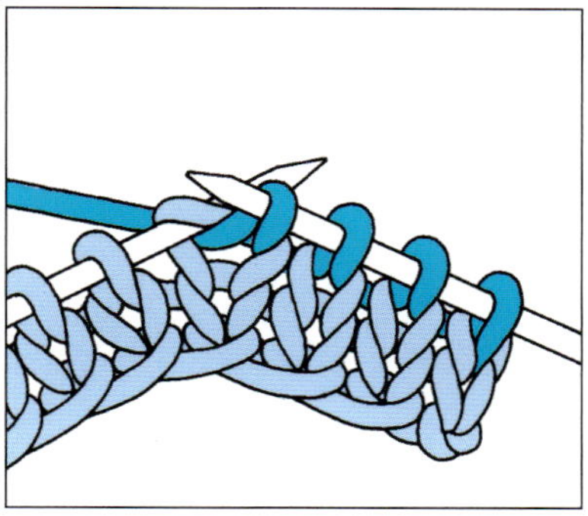

Dann den Faden mit der rechten Nadel fassen und durch die Masche ziehen. Anschließend die Masche von der linken Nadel gleiten lassen.

Rechts verschränkte Maschen

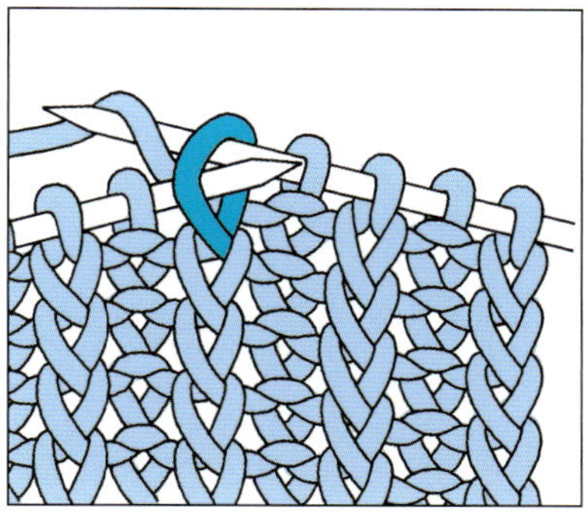

Für eine rechts verschränkte Masche ist der Faden hinter der Arbeit. Von rechts nach links in das hintere Maschenglied einstechen und den Faden durchholen.

Linke Maschen

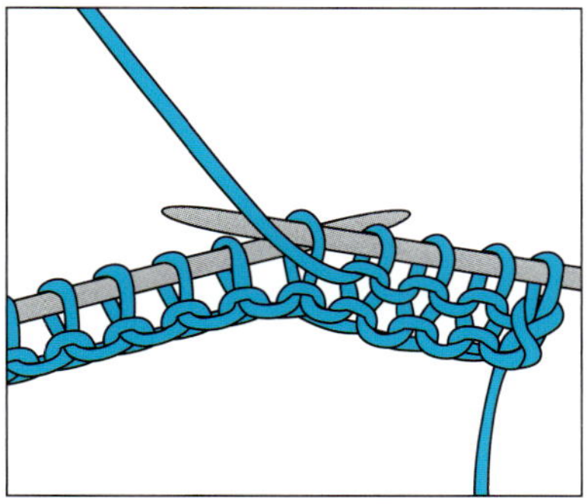

Der Faden ist vor der Arbeit. Mit der rechten Nadel von rechts nach links in die Masche einstechen.

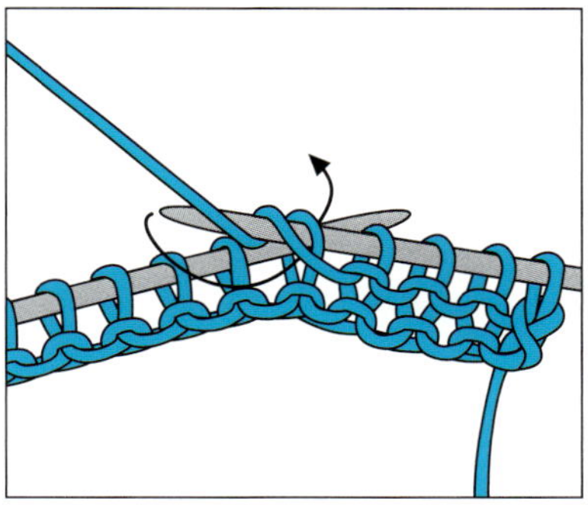

Den Faden von vorn nach hinten um die Nadelspitze schlingen und durch die Masche holen.

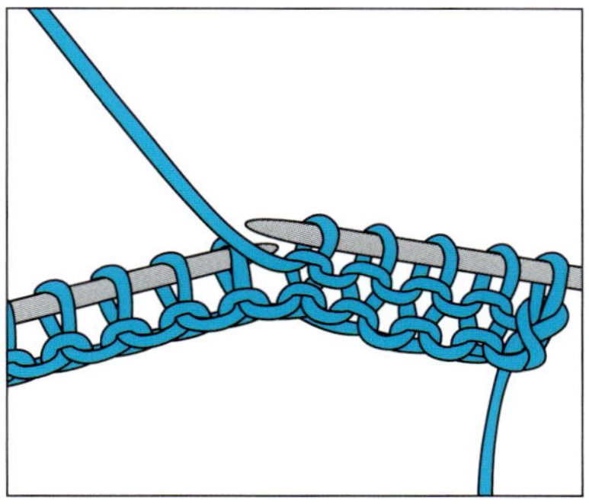

Die Masche von der linken Nadel gleiten lassen.

2 Maschen rechts zusammenstricken

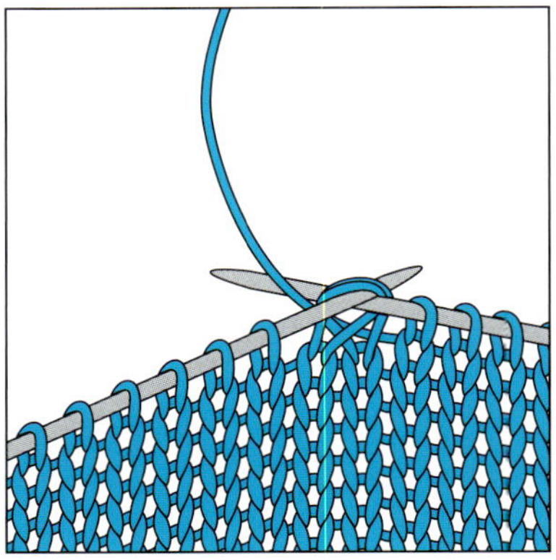

Der Faden ist hinter der Arbeit. Mit der rechten Nadel von links nach rechts durch die ersten 2 Maschen der linken Nadel stechen und den Faden durch beide Maschen holen.

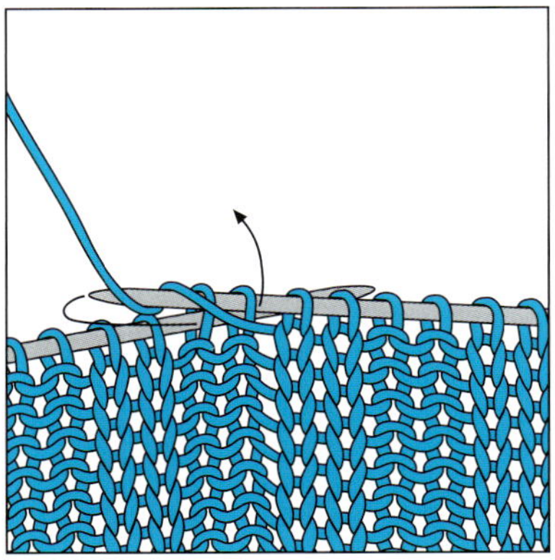

Die Maschen von der linken Nadel gleiten lassen.

2 Maschen links zusammenstricken

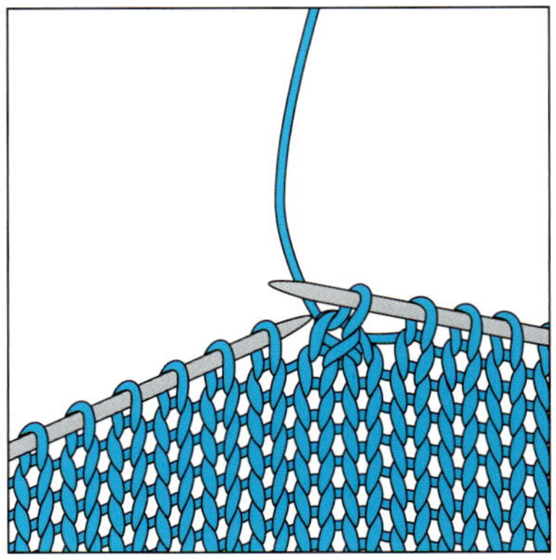

Der Faden ist vor der Arbeit. Mit der rechten Nadel von rechts nach links durch die ersten 2 Maschen der linken Nadel stechen und den Faden durch beide Maschen holen. Die Maschen von der linken Nadel gleiten lassen.

2 Maschen rechts überzogen zusammenstricken

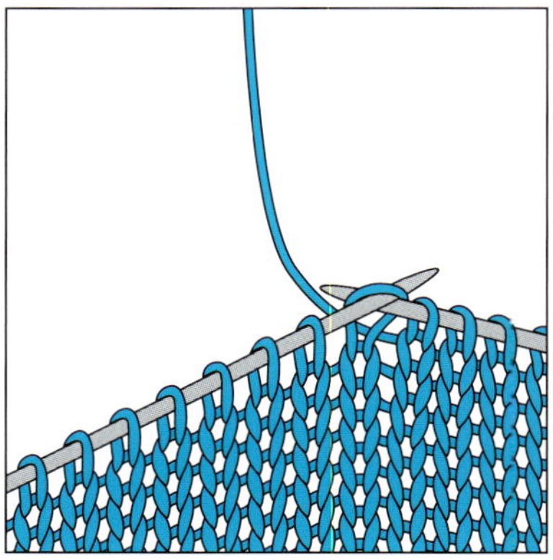

Der Arbeitsfaden liegt hinten. In die 1. Masche der linken Nadel von vorn nach hinten einstechen und die Masche, ohne sie zu stricken, auf die rechte Nadel heben.

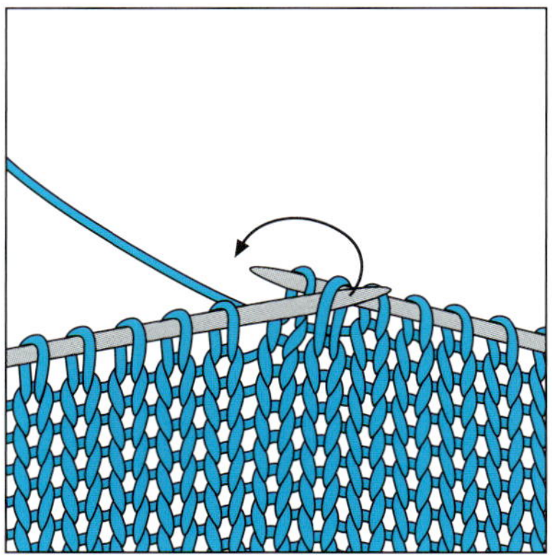

Die folgende Masche rechts stricken, sodass sie vor der abgehobenen Masche auf der rechten Nadel liegt.

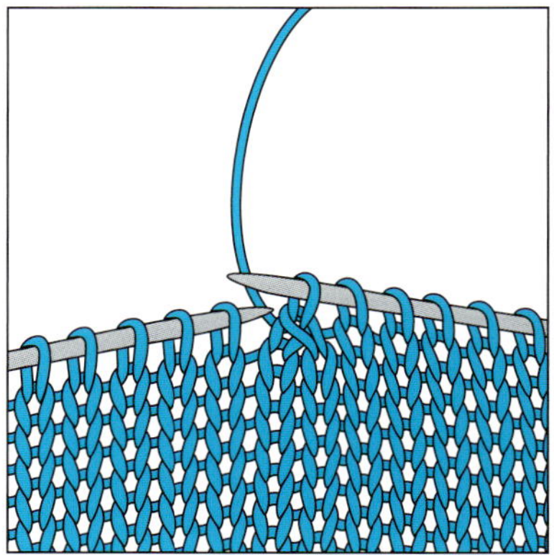

Dann die abgehobene Masche über die gestrickte Masche ziehen.

1 Masche rechts verschränkt aus dem Querfaden herausstricken

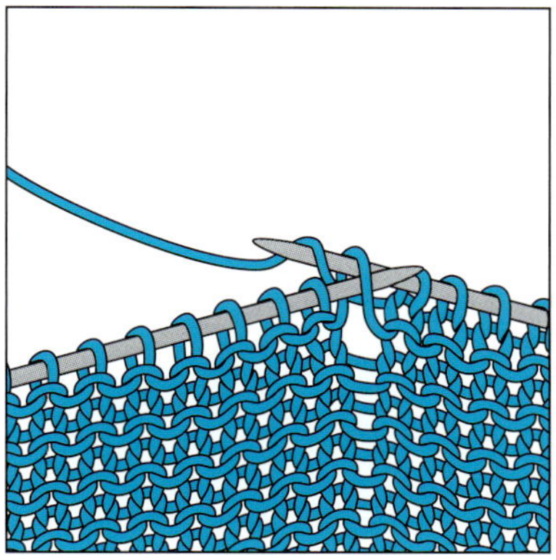

Der Arbeitsfaden liegt hinten. Mit der linken Nadel von vorn nach hinten unter dem Querfaden zwischen 2 Maschen einstechen, sodass der Querfaden auf der Nadelspitze liegt. Mit der rechten Nadel hinter der Arbeit von rechts nach links in die Schlinge des Querfadens einstechen, sodass sie sich verdreht, und den Arbeitsfaden um die Nadel legen.

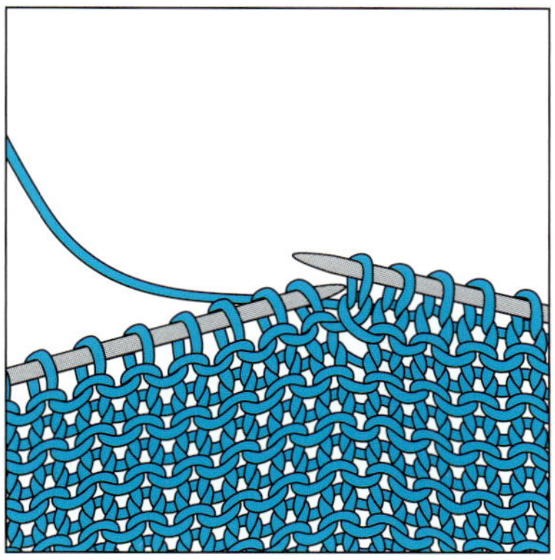

Den Arbeitsfaden nach vorn durchholen und anschließend den Querfaden von der linken Nadel gleiten lassen. So entsteht eine zusätzliche rechte Masche.

Maschen zunehmen / verdoppeln

2 Maschen aus 1 Masche herausstricken: Wie zum Rechtsstricken in die Masche einstechen und den Faden holen. Die Masche noch nicht von der linken Nadel gleiten lassen, sondern jetzt noch einmal von hinten (rechts verschränkt) einstechen und den Faden holen. Nun die Masche von der Nadel gleiten lassen.

Maschen abketten

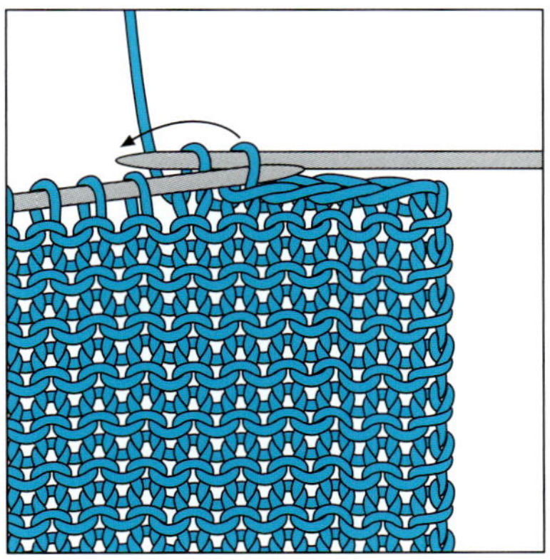

Die ersten 2 Maschen stricken. Mit der linken Nadel in die 1. Masche einstechen, diese über die 2. Masche heben und mit der rechten Nadel die 2. Masche durch die 1. Masche ziehen. Fortlaufend die nächste Masche stricken und die vorherige darüberziehen. Am Ende den Faden abschneiden und durch die letzte Masche ziehen.

Maschen auffassen

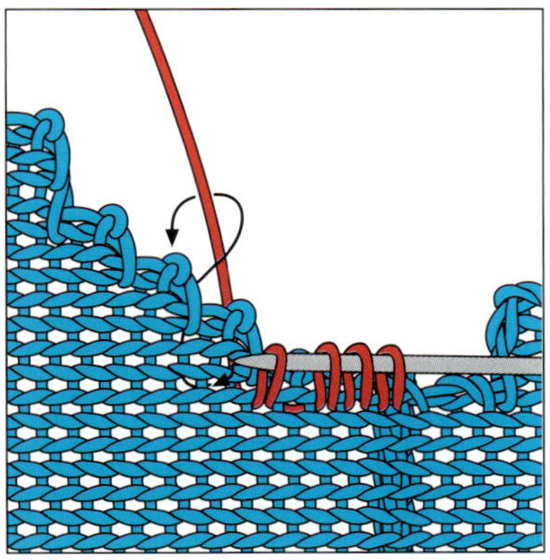

Werden die Maschen am **Reihenanfang oder -ende** aufgefasst, mit der Nadel das außen liegende Maschenglied der 1. Masche nach der Randmasche erfassen und den Faden durchholen. Bei längeren Geraden ca. jede 4. Reihe übergehen.

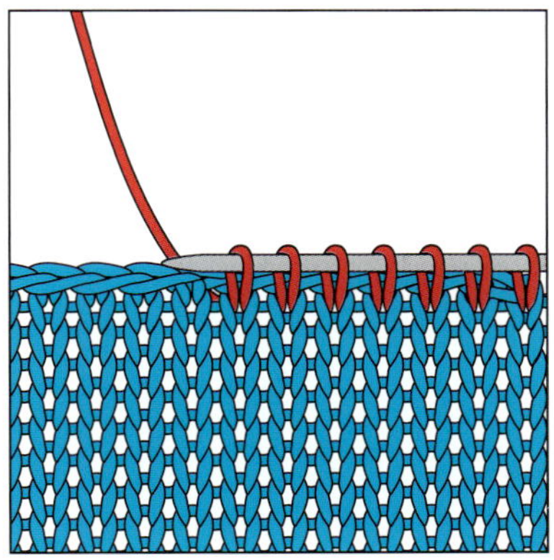

Werden die Maschen an der **Anschlag- oder Abkettkante** aufgefasst, in die Masche unterhalb der Kante einstechen und den Faden durchholen. Hier wird aus jeder Masche eine Masche herausgestrickt.

GRUNDKURS

Aufstricken

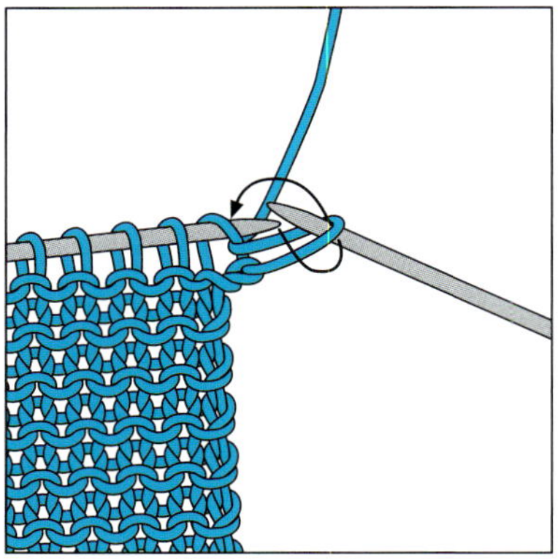

In die 1. Masche wie zum Rechtsstricken einstechen, den Faden zur Schlinge durchholen und auf der rechten Nadel lassen.

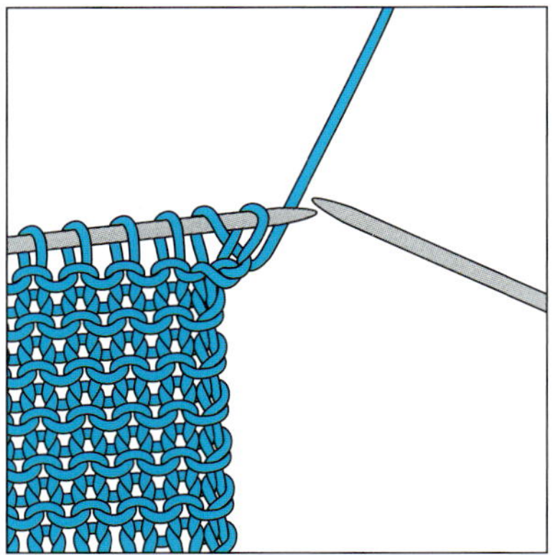

Mit der linken Nadel die Schlinge von vorne nach hinten erfassen (von rechts her einstechen – siehe Schritt 1) und als Masche auf die linke Nadel nehmen.

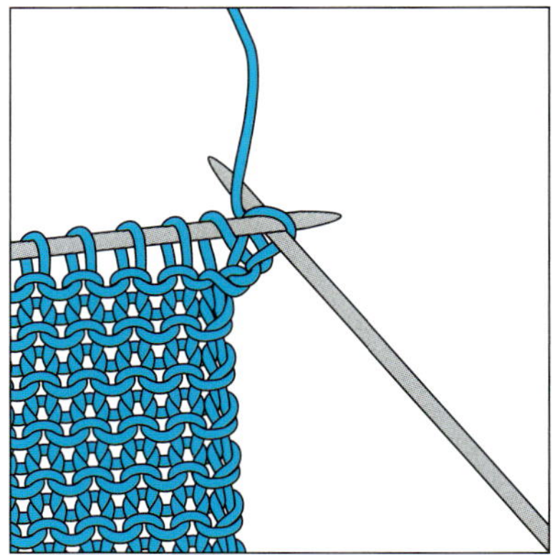

In die neue Masche wieder wie zum Rechtsstricken einstechen und wie in Schritt 1 und 2 beschrieben die nächste Masche aufstricken.

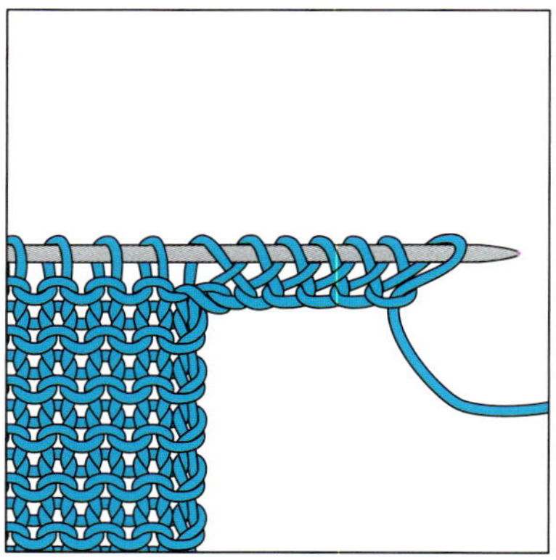

Stets wiederholen, bis die gewünschte Maschenzahl erreicht ist.

Matratzenstich

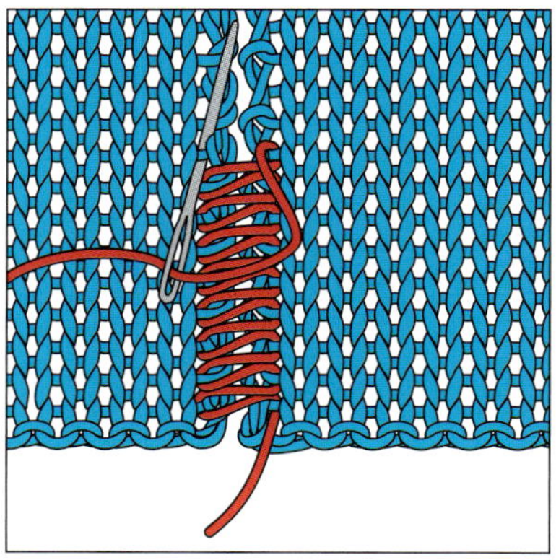

Beide Teile mit der Vorderseite nach oben parallel nebeneinanderlegen; Ärmelschrägungen parallel gegeneinanderlegen. Mit der Nadel den Querfaden zwischen Randmasche und 1. Masche erfassen, den Faden durchziehen. Auf der anderen Seite den gegenüberliegenden Querfaden zwischen Randmasche und 1. Masche erfassen, den Faden durchziehen.

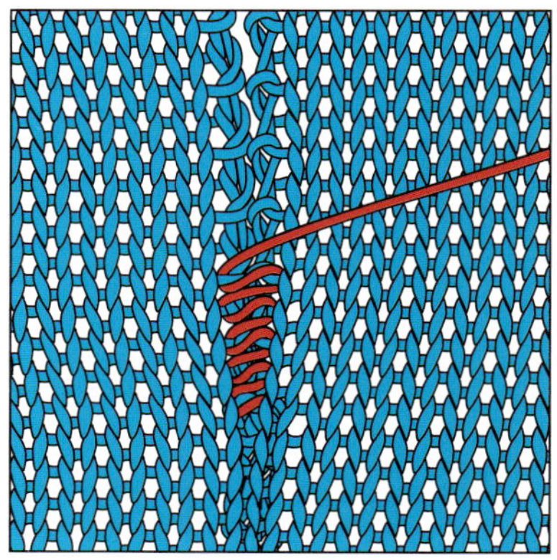

Diesen Vorgang abwechselnd einmal auf der einen, dann auf der anderen Seite wiederholen. Nach ca. 2 cm den Arbeitsfaden anziehen, damit sich die Strickteile übergangslos aneinanderfügen.

Gerade Ärmel einsetzen

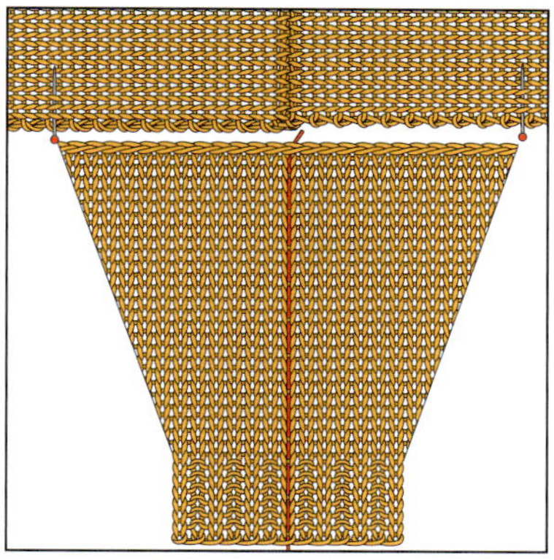

Ärmelmitte an die Schulternaht legen, am Ärmel je eine Masche unterhalb des Abkettrands erfassen, bei Vorder- und Rückenteil je zwei Querfäden zwischen der Randmasche und der 1. Masche. Ab und zu nur einen Querfaden erfassen.

Maschenstich

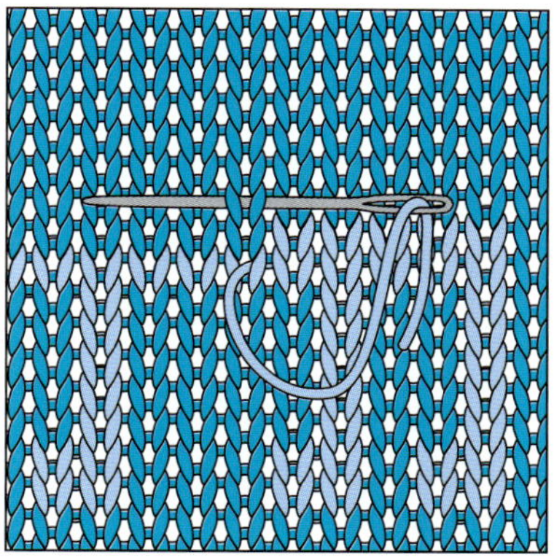

Mit einer Wollnadel ohne Spitze von hinten nach vorn durch die Mitte der 1. Masche ausstechen und den Faden durchziehen.

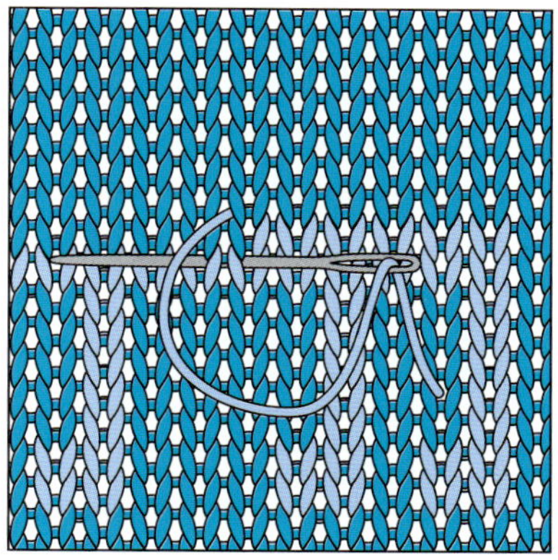

Dem Verlauf dieser Masche entsprechend um die obere Masche ein- und wieder ausstechen und den Faden durchziehen. Anschließend wieder in die Mitte der 1. Masche einstechen und aus der folgenden Masche ausstechen.

Quaste

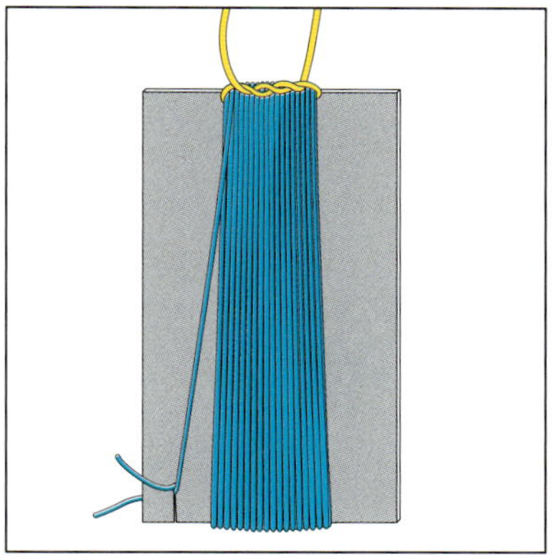

Ein Papprechteck zuschneiden. Unten an der Schmalseite einen Schlitz von 1 cm einschneiden. Fadenende einklemmen und die Pappe locker mit Garn umwickeln. Faden abschneiden und in den Schlitz klemmen. Den Garnstrang oben verknoten, dazu einen Faden mit einer Wollnadel zwischen Pappe und Strang durchführen, mit Knoten sichern. Fadenenden aus dem Schlitz ziehen, Strang an der Kante aufschneiden, Pappe entfernen.

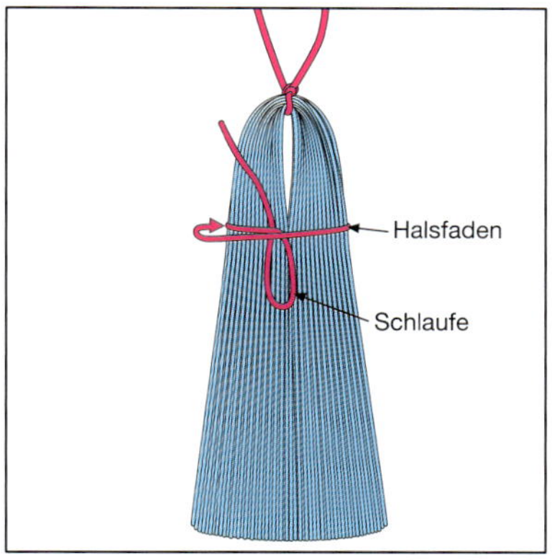

»Hals« abbinden: Das Fadenbündel ca. 2 cm unterhalb des oberen Knotens mit einem langen Faden abbinden. Fadenanfang im oberen Drittel zur Schlaufe legen und mit dem Daumen fixieren. Das Garn fest um den Strang wickeln.

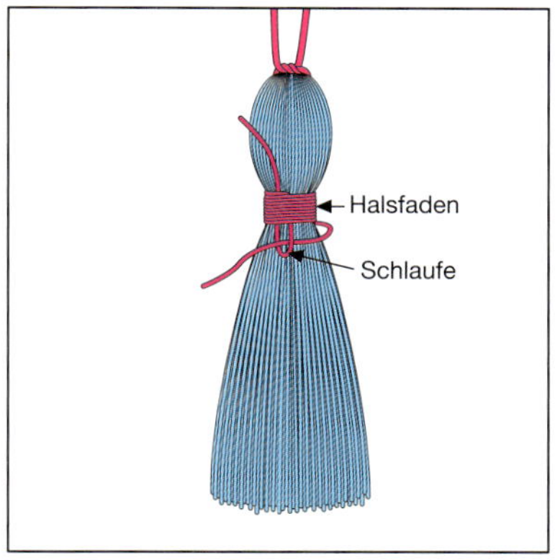

Das Fadenende durch die Schlaufe führen und den Faden am anderen Ende anziehen, sodass sich die Schlaufe zusammenzieht und das Fadenende mitgefasst wird. Die Schlaufe festziehen. Fäden abschneiden. »Rock« der Quaste zurechtschneiden.

IMPRESSUM

Autorinnen: Maria Böhly & Babette Ulmer
Fotos & Styling: Florian Bilger Fotodesign; Seite 7: shutterstock/FunUndCake
Technische Zeichnungen: Babette Ulmer
Produktmanagement & Redaktion: Xenia Kuczera
Lektorat: Regina Sidabras
Umschlaggestaltung: Guter Punkt GmbH & Co. KG
Satz: Daniela Schulz
Repro: Ludwig:media, Zell am See
Herstellung: Bettina Schippel, Stephanie Schlemmer
Printed in Italy by Printer Trento

★★★★★

Sind Sie mit diesem Titel zufrieden? Dann würden wir uns über Ihre Weiterempfehlung freuen. Erzählen Sie es im Freundeskreis, berichten Sie Ihrem Buchhändler oder bewerten Sie bei Onlinekauf. Und wenn Sie Kritik, Korrekturen, Aktualisierungen haben, freuen wir uns über Ihre Nachricht an:
Christian Verlag, Postfach 40 02 09,
D-80702 München oder per E-Mail an
lektorat@verlagshaus.de.

Unser komplettes Programm finden Sie unter

www.christophorus-verlag.de

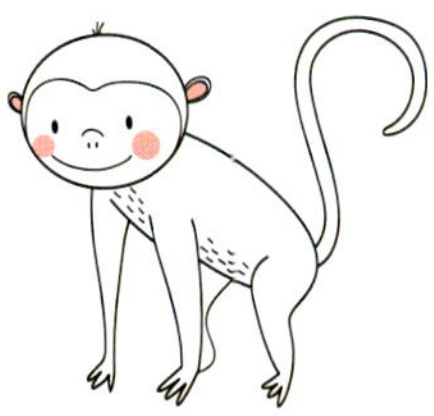

Herstellerverzeichnis

- Buttinette Textil-Versandhaus GmbH, www.buttinette.de
- Junghans Wollversand GmbH & Co. KG, www.junghanswolle.de
- Lana Grossa Mode mit Wolle Handels- und Vertriebs GmbH, ww.lanagrossa.de
- Lang & Co. AG, www.langyarns.com
- Schulana GmbH & Co. KG, www.schulana.de

Wir möchten uns bei unseren Strickerinnen Irmgard Mensch, Greta Maier, Eva Huber, Maria Böhly-Maier, Babette Ulmer, Sabine Damerau und Gisela Jäger herzlich bedanken.

Die Deutsche Nationalbibliothek verzeichnet diese Publikation in der Deutschen Nationalbibliografie; detaillierte bibliografische Daten sind im Internet über http://dnb.d-nb.de abrufbar.

ISBN 978-3-8410-6539-1

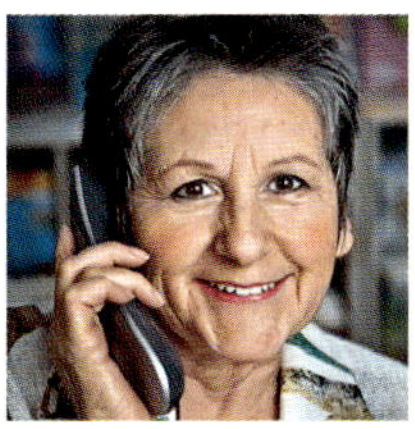

Kreativ-Service

Sie haben Fragen zu den Büchern und Materialien? Frau Erika Noll ist für Sie da und berät Sie rund um alle Kreativthemen. Rufen Sie an! Wir interessieren uns auch für Ihre eigenen Ideen und Anregungen. Sie erreichen Frau Noll per E-Mail: **mail@kreativ-service.info** oder Tel.: **+49 (0) 5052/91 18 58**

Besuchen Sie uns im Internet: www.christophorus-verlag.de

Ebenfalls erhältlich ...

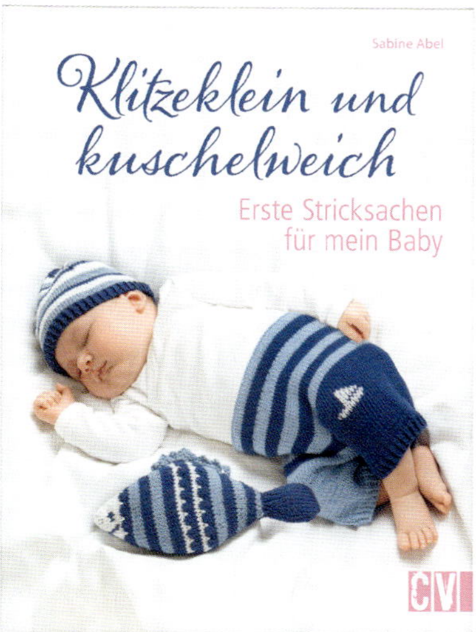

ISBN: 978-3-8410-6299-4

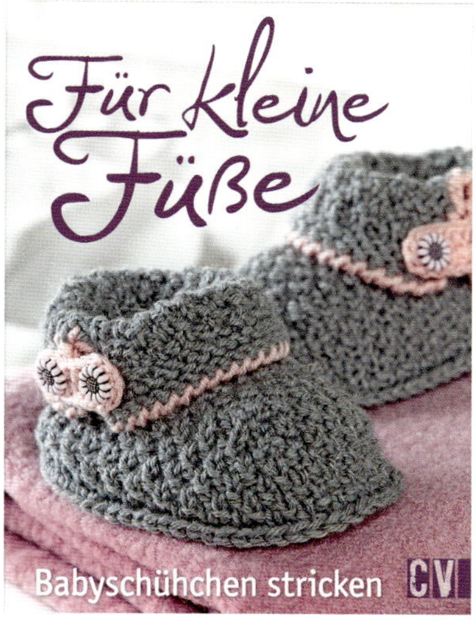

ISBN: 978-3-8410-6430-1

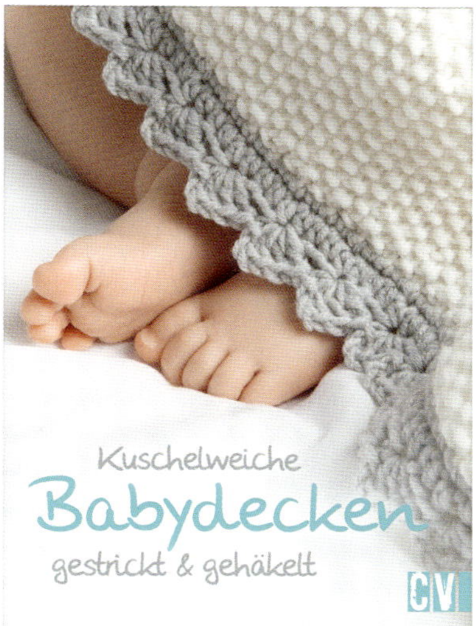

ISBN: 978-3-8410-6420-2

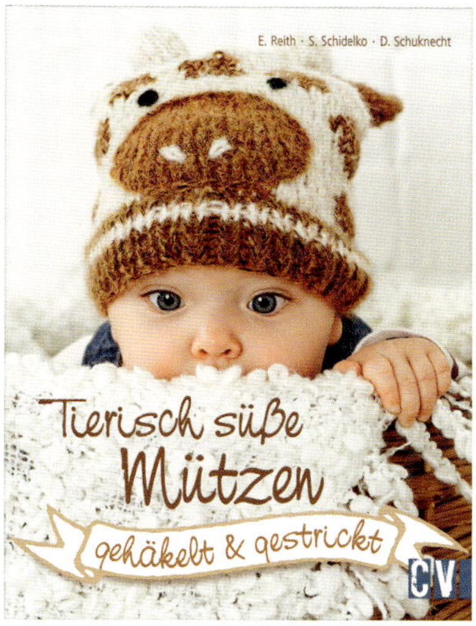

ISBN: 978-3-8410-6348-9

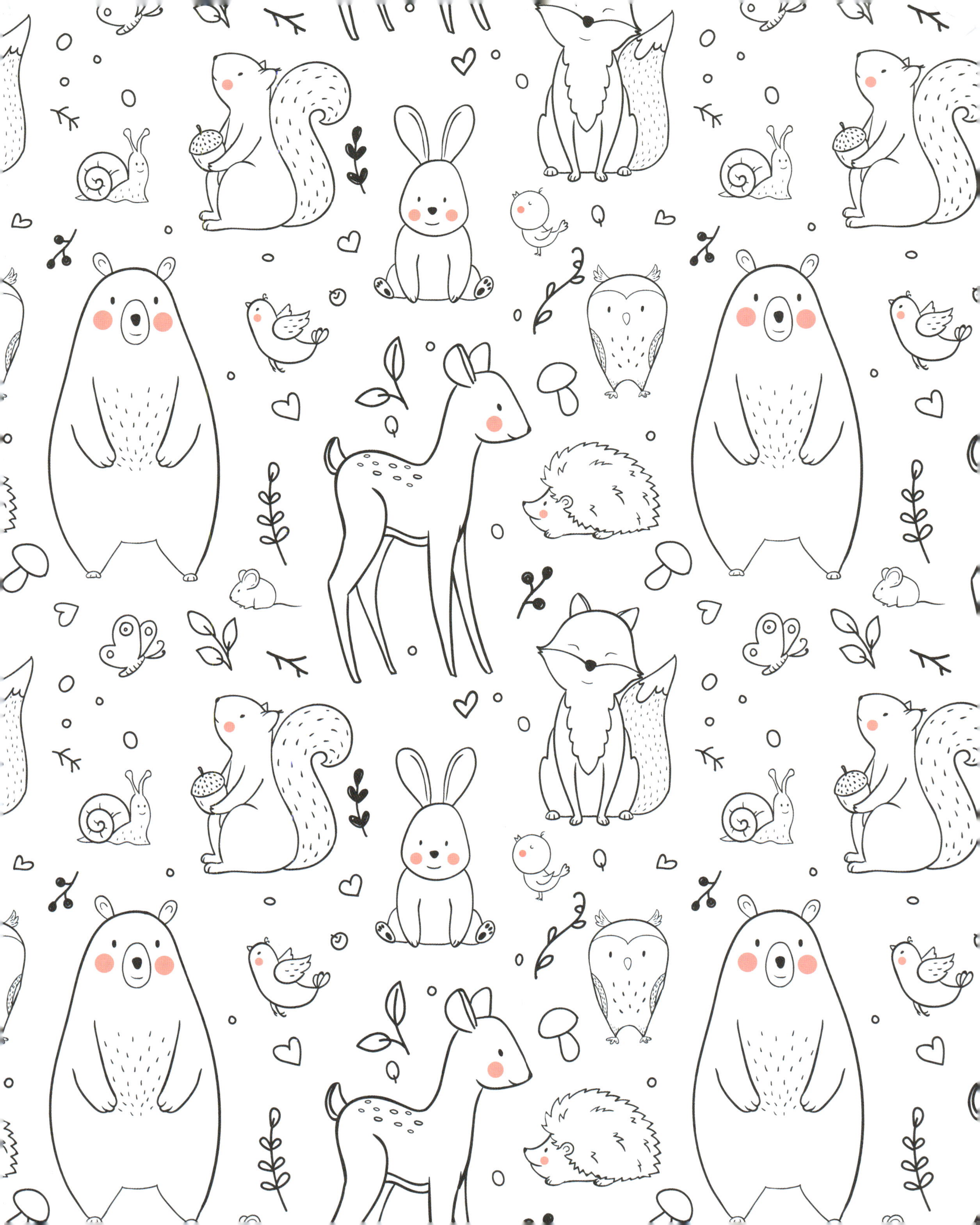